COLLECTION POÉSIE

HENRI MICHAUX

# Plume

PRÉCÉDÉ DE

# Lointain intérieur

*Nouvelle édition*
*revue et corrigée*

GALLIMARD

# LOINTAIN INTÉRIEUR

*Entre centre*
*et absence*

# MAGIE

J'étais autrefois bien nerveux. Me voici sur une nouvelle voie :

Je mets une pomme sur ma table. Puis je me mets dans cette pomme. Quelle tranquillité !

Ça a l'air simple. Pourtant il y a vingt ans que j'essayais ; et je n'eusse pas réussi, voulant commencer par là. Pourquoi pas ? Je me serais cru humilié peut-être, vu sa petite taille et sa vie opaque et lente. C'est possible. Les pensées de la couche du dessous sont rarement belles.

Je commençai donc autrement et m'unis à l'Escaut.

L'Escaut à Anvers, où je le trouvai, est large et important et il pousse un grand flot. Les navires de haut bord, qui se présentent, il les prend. C'est un fleuve, un vrai.

Je résolus de faire un avec lui. Je me tenais sur le quai à toute heure du jour. Mais je m'éparpillai en de nombreuses et inutiles vues.

Et puis, malgré moi, je regardais les femmes

de temps à autre, et ça, un fleuve ne le permet pas, ni une pomme ne le permet, ni rien dans la nature.

Donc l'Escaut et mille sensations. Que faire ? Subitement, ayant renoncé à tout, je me trouvai..., je ne dirai pas à sa place, car, pour dire vrai, ce ne fut jamais tout à fait cela. Il coule incessamment (voilà une grande difficulté) et se glisse vers la Hollande où il trouvera la mer et l'altitude zéro.

J'en viens à la pomme. Là encore, il y eut des tâtonnements, des expériences ; c'est toute une histoire. Partir est peu commode et de même l'expliquer.

Mais en un mot, je puis vous le dire. *Souffrir* est le mot.

Quand j'arrivai dans la pomme, j'étais glacé.

II

Dès que je la vis, je la désirai.

D'abord pour la séduire, je répandis des plaines et des plaines. Des plaines sorties de mon regard s'allongeaient, douces, aimables, rassurantes.

Les idées de plaine allèrent à sa rencontre, et sans le savoir, elle s'y promenait, s'y trouvant satisfaite.

L'ayant bien rassurée, je la possédai.

Cela fait, après quelque repos et quiétude, reprenant mon naturel, je laissai réapparaître mes lances, mes haillons, mes précipices.

Elle sentit un grand froid et qu'elle s'était trompée tout à fait sur mon compte.

Elle s'en alla la mine défaite et creusée, et comme si on l'avait volée.

### III

J'ai peine à croire que ce soit naturel et connu de tous. Je suis parfois si profondément engagé en moi-même en une boule unique et dense que, assis sur une chaise, à pas deux mètres de la lampe posée sur ma table de travail, c'est à grand-peine et après un long temps que, les yeux cependant grands ouverts, j'arrive à lancer jusqu'à elle un regard.

Une émotion étrange me saisit à ce témoignage du cercle qui m'isole.

Il me semble qu'un obus ou la foudre même n'arriverait pas à m'atteindre tant j'ai de matelas de toutes parts appliqués sur moi.

Plus simplement, ce serait bien que la racine de l'angoisse est pour quelque temps enfouie.

J'ai dans ces moments l'immobilité d'un caveau.

## IV

Cette dent de devant cariée me poussait ses aiguilles très haut dans sa racine, presque sous le nez. Sale sensation !

Et la magie ? Sans doute, mais il faut alors aller se loger en masse presque sous le nez. Quel déséquilibre ! Et j'hésitais, occupé ailleurs, à une étude sur le langage.

Sur ces entrefaites une vieille otite, qui dormait depuis trois ans, se réveilla et sa menue perforation dans le fond de mon oreille.

Il fallait donc bien me décider. Mouillé, autant se jeter à l'eau. Bousculé en sa position d'équilibre, autant en chercher une autre.

Donc, je lâche l'étude et me concentre. En trois ou quatre minutes, j'efface la souffrance de l'otite (j'en connaissais le chemin). Pour la dent, il me fallut deux fois plus de temps. Une si drôle de place qu'elle occupait, presque sous le nez. Enfin elle disparaît.

C'est toujours pareil ; la seule première fois est une surprise. La difficulté est de trouver l'endroit où l'on souffre. S'étant rassemblé, on se dirige dans cette direction, à tâtons dans sa nuit, cherchant à le circonscrire (les énervés n'ayant pas de concentration sentent le mal partout), puis, à mesure qu'on l'entame, le visant avec plus de soin, car il devient petit, petit, dix fois plus petit qu'une pointe d'épingle ; vous veillez cependant sur lui sans lâcher, avec une attention croissante, lui lançant votre euphorie jusqu'à ce que vous n'ayez plus aucun point de souffrance devant vous. C'est que vous l'avez bien trouvé.

Maintenant, il faut y rester sans peine. A cinq minutes d'effort doit succéder une heure et demie ou deux heures de calme et d'insensibilité. Je parle pour les hommes pas spécialement forts ni doués ; c'est d'ailleurs « mon temps ».

(A cause de l'inflammation des tissus, il subsiste une sensation de pression, de petit bloc isolé, comme il subsiste après l'injection d'un liquide anesthésique.)

V

Je suis tellement faible (je l'étais surtout), que si je pouvais coïncider d'esprit avec qui que ce soit, je serais immédiatement subjugué et avalé par lui et entièrement sous sa dépendance ; mais j'y ai l'œil, attentif, acharné plutôt à être toujours bien exclusivement moi.

Grâce à cette discipline, j'ai maintenant des chances de plus en plus grandes de ne jamais coïncider avec quelqu'esprit que ce soit et de pouvoir circuler librement en ce monde.

Mieux ! M'étant à tel point fortifié, je lancerais bien un défi au plus puissant des hommes. Que me ferait sa volonté ? Je suis devenu si aigu et circonstancié, que, m'ayant en face de lui, il n'arriverait pas à me trouver.

## UNE TÊTE SORT DU MUR

J'ai l'habitude, le soir, bien avant d'y être poussé par la fatigue, d'éteindre la lumière.

Après quelques minutes d'hésitation et de surprise, pendant lesquelles j'espère peut-être pouvoir m'adresser à un être, ou qu'un être viendra à moi, je vois une tête énorme de près de deux mètres de surface qui, aussitôt formée, fonce sur les obstacles qui la séparent du grand air.

D'entre les débris du mur troué par sa force, elle apparaît à l'extérieur (je la sens plus que je ne la vois) toute blessée elle-même et portant les traces d'un douloureux effort.

Elle vient avec l'obscurité, régulièrement depuis des mois.

Si je comprends bien, c'est ma solitude qui à présent me pèse, dont j'aspire subconsciemment à sortir, sans savoir encore comment, et que j'exprime de la sorte, y trouvant, surtout au plus fort des coups, une grande satisfaction.

Cette tête vit, naturellement. Elle possède *sa* vie.

Elle se jette ainsi des milliers de fois à travers plafonds et fenêtres, à toute vitesse et avec l'obstination d'une bielle.

Pauvre tête !

Mais pour sortir vraiment de la solitude on doit être moins violent, moins énervé, et ne pas avoir une âme à se contenter d'un spectacle.

Parfois, non seulement elle, mais moi-même, avec un corps fluide et dur que je me sens, bien différent du mien, infiniment plus mobile, souple et inattaquable, je fonce à mon tour avec impétuosité et sans répit, sur portes et murs. J'adore me lancer de plein fouet sur l'armoire à glace. Je frappe, je frappe, je frappe, j'éventre, j'ai des satisfactions surhumaines, je dépasse sans effort la rage et l'élan des grands carnivores et des oiseaux de proie, j'ai un emportement au-delà des comparaisons. Ensuite, pourtant, à la réflexion, je suis bien surpris, je suis de plus en plus surpris qu'après tant de coups, l'armoire à glace ne se soit pas encore fêlée, que le bois n'ait pas eu même un grincement.

## MA VIE S'ARRÊTA

J'étais en plein océan. Nous voguions. Tout à coup le vent tomba. Alors l'océan démasqua sa grandeur, son interminable solitude.

Le vent tomba d'un coup, ma vie fit « toc ». Elle était arrêtée à tout jamais.

Ce fut une après-midi de délire, ce fut une après-midi singulière, l'après-midi de « la fiancée se retire ».

Ce fut un moment, un éternel moment, comme la voix de l'homme et sa santé étouffe sans effort les gémissements des microbes affamés, ce fut un moment, et tous les autres moments s'y enfournèrent, s'y envaginèrent, l'un après l'autre, au fur et à mesure qu'ils arrivaient, sans fin, sans fin, et je fus roulé dedans, de plus en plus enfoui, sans fin, sans fin.

# UN TOUT PETIT CHEVAL

J'ai élevé chez moi un petit cheval. Il galope dans ma chambre. C'est ma distraction.

Au début, j'avais des inquiétudes. Je me demandais s'il grandirait. Mais ma patience a été récompensée. Il a maintenant plus de cinquante-trois centimètres et mange et digère une nourriture d'adulte.

La vraie difficulté vint du côté d'Hélène. Les femmes ne sont pas simples. Un rien de crottin les indispose. Ça les déséquilibre. Elles ne sont plus elles-mêmes.

« D'un si petit derrière, lui disais-je, bien peu de crottin peut sortir », mais elle... Enfin, tant pis, il n'est plus question d'elle à présent.

Ce qui m'inquiète, c'est autre chose, ce sont tout d'un coup, certains jours, les changements étranges de mon petit cheval. En moins d'une heure, voilà que sa tête enfle, enfle, son dos s'incurve, se gondole, s'effiloche et claque au vent qui entre par la fenêtre.

Oh ! Oh !

Je me demande s'il ne me trompe pas à se donner pour cheval ; car même petit, un cheval ne se déploie pas comme un pavillon, ne claque pas au vent fût-ce pour quelques instants seulement.

Je ne voudrais pas avoir été dupe, après tant de soins, après tant de nuits que j'ai passées à le veiller, le défendant des rats, des dangers toujours proches, et des fièvres du jeune âge.

Parfois, il se trouble de se voir si nain. Il s'effare. Ou en proie au rut, il fait par-dessus les chaises des bonds énormes et il se met à hennir, à hennir désespérément.

Les animaux femelles du voisinage dardent leur attention, les chiennes, les poules, les juments, les souris. Mais, c'est tout. « Non, décident-elles, chacune pour soi, collée à son instinct. Non, ce n'est pas à moi de répondre. » Et jusqu'à présent aucune femelle n'a répondu.

Mon petit cheval me regarde avec de la détresse, avec de la fureur dans ses deux yeux.

Mais, qui est en faute ? Est-ce moi ?

# VISION

Tout d'un coup, l'eau savonnée dans laquelle elle se lavait les mains, se mua en cristaux tranchants, en dures aiguilles, et le sang comme il sait faire s'en alla, laissant la femme se débrouiller.

Peu de temps après, comme il est courant en ce siècle obsédé de nettoyage, un homme arriva, lui aussi, avec l'intention de se laver, retroussa très haut ses manches, enduisit son bras d'eau mousseuse (c'était à présent de la vraie mousse) posément, attentivement, mais insatisfait, il le rompit d'un coup sec sur le rebord de l'évier, et se mit à en laver un autre plus long qui lui poussa aussitôt, en remplacement du premier ; c'était un bras adouci d'un duvet plus fourni, plus soyeux, mais l'ayant bien savonné, presqu'amoureusement, soudain lui lançant un regard dur, soudain insatisfait, il le cassa, « kha ! » et un autre encore qui repoussa à sa place, il le cassa de même, et puis le suivant et puis encore un, et puis encore un (il n'était jamais satisfait) et ainsi jusqu'à dix-sept, car dans mon épouvante je comptais ! Ensuite il disparut avec un dix-huitième qu'il préféra ne pas laver et utiliser tel quel pour les besoins de la journée.

# L'ANIMAL MANGE-SERRURE

Dans les couloirs de l'hôtel, je le rencontrai qui se promenait avec un petit animal mange-serrure.

Il posait le petit animal sur son coude, alors l'animal était content et mangeait la serrure.

Puis il allait plus loin et l'animal était content et une autre serrure était mangée. Et ainsi de plusieurs et ainsi de quantité. L'homme se promenait comme quelqu'un dont le « chez soi » est devenu plus considérable. Dès qu'il poussait une porte, une nouvelle vie commençait pour lui.

Mais le petit animal était si affamé de serrures que son maître devait bientôt ressortir à la recherche d'autres effractions, si bien qu'il trouvait peu de repos.

Je ne voulus pas faire alliance avec cet homme, je lui dis que moi ce que je préférais dans la vie, était de sortir. Il eut un regard blanc. Nous n'étions pas du même bord, voilà tout, sans quoi j'aurais fait alliance avec lui. Il me plaisait sans me convenir.

# PRÊCHER

... Malheur ! Il se casse une jambe dans un uri-
noir.

Qui est-ce ? Sans doute un nerveux. Peut-être
un timide. Une pensée le traverse. Le faux pas se
fait et voilà une jambe de cassée.

Le fil du malheur simplement...

Il prêche, mais la plate-forme où il se trouve,
cessant de le soutenir, s'écroule.

Il veut encore prêcher, mais il tombe et il est
retiré de l'eau comme poisson et vendu au kilo,
triste fin pour un prédicateur.

Il veut encore prêcher, mais il est mis à cuire
dans une casserole, dont le bruit l'endort et le
retire à ses projets. Et le monde, qui prétendait
le faire marcher au pas, rit, et une assemblée se
forme et se félicite.

Mais le voilà qui, pas tout à fait abattu encore,
fait un geste vague, comme pour chasser le mal-
heur de sa poitrine, cependant qu'il se met à
cuire lentement. Après quoi il ne semble en effet
plus fort bon pour la prédication, non, plus fort
bon.

# RENTRER

J'hésitais à rentrer chez mes parents. Quand il pleut, me disais-je, comment font-ils ? Puis je me rappelai qu'il y avait un plafond dans ma chambre. « N'empêche ! », et, méfiant, je ne voulus rentrer.

C'est en vain qu'ils m'appellent maintenant. Ils sifflent, ils sifflent dans la nuit. Mais c'est en vain qu'ils usent du silence de la nuit pour arriver jusqu'à moi. C'est absolument en vain.

# ON VEUT VOLER MON NOM

Tandis que je me rasais ce matin, étirant et soulevant un peu mes lèvres pour avoir une surface plus tendue, bien résistante au rasoir, qu'est-ce que je vois ? Trois dents en or ! Moi qui n'ai jamais été chez le dentiste.

Ah ! Ah !

Et pourquoi ?

Pourquoi ? Pour me faire douter de moi, et ensuite me prendre mon nom de Barnabé. Ah ! ils tirent ferme de l'autre côté, ils tirent, ils tirent.

Mais moi aussi je suis prêt, et je LE retiens. « Barnabé », « Barnabé », dis-je doucement mais fermement ; alors, de leur côté, tous leurs efforts se trouvent réduits à néant.

## QUAND LES MOTOCYCLETTES
## RENTRENT A L'HORIZON

La seule chose que j'apprécie vraiment, c'est une motocyclette. Oh ! Quelles jambes fines, fines ! A peine si on les voit.

Et pendant qu'on admire, déjà, tant elles sont rapides, elles regagnent prestement l'horizon qu'elles ne quittent jamais qu'à grand regret.

C'est ça qui fait rêver ! C'est ça qui fait pisser rêveusement les chiens contre le pied des arbres ! C'est ça qui nous endort à tout le reste, et toujours nous ramène, recueillis aux fenêtres, aux fenêtres, aux fenêtres aux grands horizons.

# UNE FEMME ME DEMANDE CONSEIL

Ce fut seulement à l'âge de vingt-quatre ans que je devins poisson-marteau (pez-martillo). Croyez-vous que je sois ce qu'on appelle une arriérée ?

J'ai maintenant vingt-sept ans.

Répondez, c'est urgent.

Je m'empresse de vous faire savoir ce 22 du mois, à 4 heures 8 minutes, qu'un jeune morse s'intéresse à moi.

Dois-je lui permettre, si les circonstances étaient telles, un soir, qu'il voulût profiter de l'obscurité établie, dois-je lui permettre de jouer de la membrane ?

Répondez-moi vite, j'approche des vingt-huit ans.

On s'informe, c'est important, un empereur auprès de moi s'informe. Il s'agit de savoir si l'on peut chasser la baleine à la main, ou s'il

faut un filet. Moi j'ai oublié. Répondez, sur
l'honneur. Répondez par pneumatique. Si vous
ne savez pas, demandez à un orcal, ils le savent
tous. Il y en a dans les 400 000, rien que dans le
Pacifique, et envoyez pastilles « cri » et mousta-
ches « cra » généalogie gergreil et 280 en cape.

Urgent, urgent à l'infini. Il est 4 h 28. Journée
exaspérante, il rôde depuis la toute première
minute de ce matin. Il faut à présent se décider.
Dites, *dois-je tuer le buffle ?*

# LA NATURE, FIDÈLE A L'HOMME

Non, il est sans exemple qu'éclairée par un grand feu de bois l'obscurité tarde à s'en aller, ne s'en aille que nonchalamment et comme à contrecœur. C'est sur des points pareils que l'esprit humain assoit sa sécurité et non sur la notion du bien ou du mal.

Non seulement l'eau est toujours prête à bouillir, et n'attend que d'être chauffée, mais l'océan lui-même, au comble de sa fureur, n'a de forme que celle de son lit qu'un continent affaissé l'oblige d'occuper. Le reste est égratignures du vent.

Par cette soumission, l'eau plaît aux faibles, les étangs, les lacs leur plaisent. Ils y perdent leur sentiment d'infériorité. Ils peuvent enfin respirer. Ces grandes étendues de faiblesse leur montent à la tête en orgueil et triomphe soudain.

Qu'ils s'en gargarisent bien, car une fille moqueuse et un père sceptique, en moins de ça, les culbuteront de cette plate-forme inouïe, où ils s'imaginaient régner à tout jamais.

# LE CHÊNE

J'ai rencontré un chêne ; haut comme le doigt, et il souffrait. Sur ses quatre feuilles, deux étaient complètement jaunes. Les autres étaient mal tendues et sans luisant.

Je ne lui découvris aucun ennemi dans le voisinage, ni une excessive concurrence.

Quelque parasite habile avait dû s'insinuer en lui. Un chêne, et puis ? qu'est-ce que c'est que ça pour un parasite !

Donc, je l'arrachai, racines et feuilles mortes, et en l'air !

On le dit tenace, mais se remettre à vivre au point où il en était, non ! Il n'en avait pas appris assez pour ça.

# LE BOURREAU

Vu la faiblesse de mon bras, je n'eusse jamais
pu être bourreau. Aucun cou, je ne l'eusse tran-
ché proprement, ni même d'aucune façon.
L'arme, dans mes mains, eût buté non seulement
sur l'obstacle impérial de l'os, mais encore sur
les muscles de la région du cou de ces hommes
entraînés à l'effort, à la résistance.

Un jour, cependant, se présenta pour mourir
un condamné au cou si blanc, si frêle qu'on se
rappela ma candidature au poste de bourreau ;
on conduisit le condamné près de ma porte et on
me l'offrit à tuer.

Comme son cou était oblong et délicat, il eût
pu être tranché comme une tartine. Je ne man-
quai pas de m'en rendre compte aussitôt, c'était
vraiment tentant. Toutefois, je refusai poliment,
tout en remerciant vivement.

Presque aussitôt après, je regrettai mon refus ;
mais il était trop tard, déjà le bourreau ordi-
naire lui tranchait la tête. Il la lui trancha

communément, ainsi que n'importe quelle tête, suivant l'usage qu'il avait des têtes, inintéressé, sans même voir la différence.

Alors je regrettai, j'eus du dépit et me fis des reproches d'avoir, comme j'avais fait, refusé vite, nerveusement et presque sans m'en rendre compte.

# RÊVE DE MOORE[1]

... Et voyageant ainsi qu'on fait en rêve, elle arrive au milieu d'une peuplade de nègres.

Et là, suivant la coutume qui s'attache aux fils de roi, l'enfant royal est nourri par la mère et par une nourrice. Mais à la nourrice on ne laisse qu'un sein. L'autre est sectionné et la poitrine est plate comme celle d'un homme (sauf le nœud de la cicatrice).

La voyageuse, voyant cela, s'étonne.

Alors le roi : « Vous avez bien remarqué comme tout le monde, n'est-ce pas, que quand l'enfant tette, l'autre mamelle, il la touche constamment et la caresse. C'est ainsi que ça va le mieux.

« Or à la nourrice nous en coupons une pour que l'enfant apprenne plus vite à parler. En effet, ce sein absent l'intrigue tellement qu'il

---

1. MOORE, pseudonyme de Suzanne Malherbe qui fit le rêve, transcrit ici aussi fidèlement que possible.

n'a de cesse qu'il n'ait pu composer un mot et interroger là-dessus son entourage.

« Et le premier mot qui vient, c'est toujours : abricot. »

## DIMANCHE A LA CAMPAGNE

Jarrettes et Jarnetons s'avançaient sur la route débonnaire.

Darvises et Potamons folâtraient dans les champs.

Une de parmegarde, une de tarmouise, une vieille paricaridelle ramiellée et foruse se hâtait vers la ville.

Garinettes et Farfalouves devisaient allégrement.

S'éboulissant de groupe en groupe, un beau Ballus de la famille des Bormulacés rencontra Zanicovette. Zanicovette sourit, ensuite Zanicovette, pudique, se détourna.

Hélas ! la paricaridelle, d'un coup d'œil, avait tout vu.

« Zanicovette », cria-t-elle. Zanicovette eut peur et s'enfuit.

Le vieux soleil entouré de nuages s'abritait lentement à l'horizon.

L'odeur de la fin du jour d'été se faisait sentir

faiblement, mais profondément, futur souvenir indéfinissable dans les mémoires.

Les embasses et les ranoulements de la mer s'entendaient au loin, plus graves que tout à l'heure. Les abeilles étaient déjà toutes rentrées. Restaient quelques moustiques en goupil.

Les jeunes gens, les moins sérieux du village, s'acheminèrent à leur tour vers leur maisonnette.

Le village formait sur une éminence une éminence plus découpée. Olopoutre et pailloché, avec ses petits toits égrissés et croquets, il fendait l'azur comme un petit navire excessivement couvert, surponté et brillant, brillant !

La paricaridelle excitée et quelques vieilles coquillardes, sales rides et mauvaises langues, achactées à tout, épiaient les retardataires. L'avenir contenait un sanglot et des larmes. Zanicovette dut les verser.

## ENTRE CENTRE ET ABSENCE

C'était à l'aurore d'une convalescence, la mienne sans doute, qui sait ? Qui sait ? Brouillard ! Brouillard ! On est si exposé, on est tout ce qu'il y a de plus exposé...

« Médicastres infâmes, me disais-je, vous écrasez en moi l'homme que je désaltère. »

C'était à la porte d'une longue angoisse. Automne ! Automne ! Fatigue ! J'attendais du côté « vomir », j'attendais, j'entendais au loin ma caravane échelonnée, peinant vers moi, patinant, s'enlisant, sable ! sable !

C'était le soir, le soir de l'angoisse, le soir gagne, implacable halage. « Les grues, me disais-je, rêveur, les grues qui se réjouissent de voir au loin les phares... »

C'était à la fin de la guerre des membres. Cette fois, me disais-je, je passerai, j'étais trop orgueilleux, mais cette fois je passerai, je passe...

Inouïe simplicité ! Comment ne t'avais-je pas de-
vinée ?... Sans ruse, le poulet sort parfait d'un
œuf anodin...

C'était pendant l'épaississement du Grand
Ecran. Je VOYAIS ! « Se peut-il, me disais-je, se
peut-il vraiment ainsi qu'on se survole ? »

C'était à l'arrivée, entre centre et absence, à
l'Euréka, dans le nid de bulles...

*La ralentie*

# LA RALENTIE

Ralentie, on tâte le pouls des choses ; on y
ronfle ; on a tout le temps ; tranquillement,
toute la vie. On gobe les sons, on les gobe tran-
quillement ; toute la vie. On vit dans son sou-
lier. On y fait le ménage. On n'a plus besoin de
se serrer. On a tout le temps. On déguste. On rit
dans son poing. On ne croit plus qu'on sait. On
n'a plus besoin de compter. On est heureuse en
buvant ; on est heureuse en ne buvant pas. On
fait la perle. On est, on a le temps. On est la
ralentie. On est sortie des courants d'air. On a le
sourire du sabot. On n'est plus fatiguée. On
n'est plus touchée. On a des genoux au bout des
pieds. On n'a plus honte sous la cloche. On a
vendu ses monts. On a posé son œuf, on a posé
ses nerfs.

Quelqu'un dit. Quelqu'un n'est plus fatigué.
Quelqu'un n'écoute plus. Quelqu'un n'a plus be-
soin d'aide. Quelqu'un n'est plus tendu.
Quelqu'un n'attend plus. L'un crie. L'autre obs-
tacle. Quelqu'un roule, dort, coud, est-ce toi,
Lorellou ?

Ne peut plus, n'a plus part à rien, quelqu'un.

Quelque chose contraint quelqu'un.

Soleil, ou lune, ou forêts, ou bien troupeaux, foules ou villes, quelqu'un n'aime pas ses compagnons de voyages. N'a pas choisi, ne reconnaît pas, ne goûte pas.

Princesse de marée basse a rendu ses griffes ; n'a plus le courage de comprendre ; n'a plus le cœur à avoir raison.

... Ne résiste plus. Les poutres tremblent et c'est vous. Le ciel est noir et c'est vous. Le verre casse et c'est vous.

On a perdu le secret des hommes.

Ils jouent la pièce « en étranger ». Un page dit « Beh » et un mouton lui présente un plateau. Fatigue ! Fatigue ! Froid partout !

Oh ! Fagots de mes douze ans, où crépitez-vous maintenant ?

On a son creux ailleurs.

On a cédé sa place à l'ombre, par fatigue, par goût du rond. On entend au loin la rumeur de l'Asclépiade, la fleur géante.

... ou bien une voix soudain vient vous bramer au cœur.

On recueille ses disparus, venez, venez.

Tandis qu'on cherche sa clef dans l'horizon, on a la noyée au cou, qui est morte dans l'eau irrespirable.

Elle traîne. Comme elle traîne ! Elle n'a cure de nos soucis. Elle a trop de désespoir. Elle ne se rend qu'à sa douleur. Oh, misère, oh, martyre, le cou serré sans trêve par la noyée.

On sent la courbure de la Terre. On a désormais les cheveux qui ondulent naturellement. On ne trahit plus le sol, on ne trahit plus l'ablette, on est sœur par l'eau et par la feuille. On n'a plus le regard de son œil, on n'a plus la main de son bras. On n'est plus vaine. On n'envie plus. On n'est plus enviée.

On ne travaille plus. Le tricot est là, tout fait, partout.

On a signé sa dernière feuille, c'est le départ des papillons.

On ne rêve plus. On est rêvée. Silence.

On n'est plus pressée de savoir.

C'est la voix de l'étendue qui parle aux ongles et à l'os.

Enfin chez soi, dans le pur, atteinte du dard de la douceur.

On regarde les vagues dans les yeux. Elles ne peuvent plus tromper. Elles se retirent déçues du flanc du navire. On sait, on sait les caresser. On sait qu'elles ont honte, elles aussi.

Epuisées, comme on les voit, comme on les voit désemparées !

Une rose descend de la nue et s'offre au pèlerin ; parfois, rarement, combien rarement. Les lustres n'ont pas de mousse, ni le front de musique.

Horreur ! Horreur sans objet !

Poches, cavernes toujours grandissantes.

Loques des cieux et de la terre, monde avalé sans profit, sans goût, et rien que pour avaler.

Une veilleuse m'écoute. « Tu dis, fait-elle, tu dis la juste vérité, voilà ce que j'aime en toi. » Ce sont les propres paroles de la veilleuse.

On m'enfonçait dans des cannes creuses. Le monde se vengeait. On m'enfonçait dans des cannes creuses, dans des aiguilles de seringues. On ne voulait pas me voir arriver au soleil où j'avais pris rendez-vous.

Et je me disais : « Sortirai-je ? Sortirai-je ? Ou bien ne sortirai-je jamais ? Jamais ? » Les gémissements sont plus forts loin de la mer, comme quand le jeune homme qu'on aime s'éloigne d'un air pincé.

Il est d'une grande importance qu'une femme se couche tôt pour pleurer, sans quoi elle serait trop accablée.

A l'ombre d'un camion pouvoir manger tranquillement. Je fais mon devoir, tu fais le tien et d'attroupement nulle part.

Silence ! Silence ! Même pas vider une pêche. On est prudente, prudente.

On ne va pas chez le riche. On ne va pas chez le savant. Prudente, lovée dans ses anneaux.

Les maisons sont des obstacles. Les déménageurs sont des obstacles. La fille de l'air est un obstacle.

Rejeter, bousculer, défendre son miel avec son sang, évincer, sacrifier, faire périr... Pet parmi les aromates renverse bien des quilles.

Oh, fatigue, effort de ce monde, fatigue universelle, inimitié !

Lorellou, Lorellou, j'ai peur... Par moments l'obscurité, par moments les bruissements.

Ecoute. J'approche des rumeurs de la Mort.

Tu as éteint toutes mes lampes.

L'air est devenu tout vide, Lorellou.

Mes mains, quelle fumée ! Si tu savais... Plus de paquets, plus porter, plus pouvoir. Plus rien, petite.

Expérience : misère ; qu'il est fou le porte-drapeau !

... et il y a toujours le détroit à franchir.

Mes jambes, si tu savais, quelle fumée !

Mais j'ai sans cesse ton visage dans la carriole...

Avec une doublure de canari, ils essayaient de me tromper. Mais moi, sans trêve, je disais : « Corbeau ! Corbeau ! » Ils se sont lassés.

Ecoute, je suis plus qu'à moitié dévorée. Je suis trempée comme un égout.

Pas d'année, dit grand-père, pas d'année où je vis tant de mouches. Et il dit la vérité. Il l'a dit sûrement... Riez, riez petits sots, jamais ne comprendrez que de sanglots il me faut pour chaque mot.

Le vieux cygne n'arrive plus à garder son rang sur l'eau.

Il ne lutte plus. Des apparences de lutte seulement.

Non, oui, non. Mais oui, je me plains. Même l'eau soupire en tombant.

Je balbutie, je lape la vase à présent. Tantôt l'esprit du mal, tantôt l'événement... J'écoutais l'ascenseur. Tu te souviens, Lorellou, tu n'arrivais jamais à l'heure.

Forer, forer, étouffer, toujours la glacière-misère. Répit dans la cendre, à peine, à peine ; à peine on se souvient.

Entrer dans le noir avec toi, comme c'était doux, Lorellou...

Ces hommes rient. Ils rient.
Ils s'agitent. Au fond, ils ne dépassent pas un grand silence.
Ils disent « là ». Ils sont toujours « ici ».
Pas fagotés pour arriver.
Ils parlent de Dieu, mais c'est avec leurs feuilles.
Ils ont des plaintes. Mais c'est le vent.
Ils ont peur du désert.

... Dans la poche du froid et toujours la route aux pieds.

Plaisirs de l'Arragale, vous succombez ici. En vain tu te courbes, tu te courbes, son de l'olifant, on est plus bas, plus bas...

Dans le souterrain, les oiseaux volèrent après moi, mais je me retournai et dis : « Non. Ici, souterrain. Et la stupeur est son privilège. »

Ainsi je m'avançai seule, d'un pas royal.

Autrefois, quand la Terre était solide, je dansais, j'avais confiance. A présent, comment serait-ce possible ? On détache un grain de sable et toute la plage s'effondre, tu sais bien.

Fatiguée on pèle du cerveau et on sait qu'on pèle, c'est le plus triste.

Quand le malheur tire son fil, comme il découd, comme il découd !

« Poursuivez le nuage, attrapez-le, mais attrapez-le donc », toute la ville paria, mais je ne pus l'attraper. Oh, je sais, j'aurais pu... un dernier bond... mais je n'avais plus le goût. Perdu l'hémisphère, on n'est plus soutenue, on n'a

plus le cœur à sauter. On ne trouve plus les gens
où ils se mettent. On dit : « Peut-être. Peut-être
bien », on cherche seulement à ne pas froisser.

Ecoute, je suis l'ombre d'une ombre qui s'est
enlisée.

Dans tes doigts, un courant si léger, si rapide,
où est-il maintenant, ... où coulaient des étincel-
les. Les autres ont des mains comme de la terre,
comme un enterrement.

Juana, je ne puis rester, je t'assure. J'ai une
jambe de bois dans la tire-lire à cause de toi.
J'ai le cœur crayeux, les doigts morts à cause de
toi.

Petit cœur en balustrade, il fallait me retenir
plus tôt. Tu m'as perdu ma solitude. Tu m'as
arraché le drap. Tu as mis en fleur mes cica-
trices.

Elle a pris mon riz sur mes genoux. Elle a
craché sur mes mains.

Mon lévrier a été mis dans un sac. On a pris
la maison, entendez-vous, entendez-vous le
bruit qu'elle fit, quand, à la faveur de l'obscu-
rité, ils l'emportèrent, me laissant dans le

champ comme une borne. Et je souffris grand froid.

Ils m'étendirent sur l'horizon. Ils ne me laissèrent plus me relever. Ah ! Quand on est pris dans l'engrenage du tigre...

Des trains sous l'océan, quelle souffrance ! Allez, ce n'est plus être au lit, ça. On est princesse ensuite, on l'a mérité.

Je vous le dis, je vous le dis, vraiment là où je suis, je connais aussi la vie. Je la connais. Le cerveau d'une plaie en sait des choses. Il vous voit aussi, allez, et vous juge tous, tant que vous êtes.

Oui, obscur, obscur, oui inquiétude. Sombre semeur. Quelle offrande ! Les repères s'enfuirent à tire d'aile. Les repères s'enfuient à perte de vue, pour le délire, pour le flot.

Comme ils s'écartent, les continents, comme ils s'écartent pour nous laisser mourir ! Nos mains chantant l'agonie se desserrèrent, la défaite aux grandes voiles passa lentement.

Juana ! Juana ! Si je me souviens... Tu sais

quand tu disais, tu sais, tu le sais pour nous
deux, Juana ! Oh ! Ce départ ! Mais pourquoi ?
Pourquoi ? Vide ? Vide, vide, angoisse ; an-
goisse, comme un seul grand mât sur la mer.

Hier, hier encore ; hier, il y a trois siècles ;
hier, croquant ma naïve espérance ; hier, sa
voix de pitié rasant le désespoir, sa tête soudain
rejetée en arrière, comme un hanneton renversé
sur les élytres, dans un arbre qui subitement
s'ébroue au vent du soir, ses petits bras d'ané-
mone, aimant sans serrer, volonté comme l'eau
tombe...

Hier, tu n'avais qu'à étendre un doigt, Juana ;
pour nous deux, pour tous deux, tu n'avais qu'à
étendre un doigt.

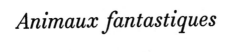

*Animaux fantastiques*

## ANIMAUX FANTASTIQUES

Avec simplicité les animaux fantastiques sortent des angoisses et des obsessions et sont lancés au dehors sur les murs des chambres où personne ne les aperçoit que leur créateur.

La maladie accouche, infatigablement, d'une création animale inégalable.

La fièvre fit plus d'animaux que les ovaires n'en firent jamais.

Dès le premier malaise, ils sortent des tapisseries les plus simples, grimaçant à la moindre courbe, profitant d'une ligne verticale pour s'élancer, grossis de la force immense de la maladie et de l'effort pour en triompher ; animaux qui donnent des inquiétudes, à qui on ne peut s'opposer efficacement, dont on ne peut deviner comment ils vont se mouvoir, qui ont des pattes et des appendices en tous sens.

Les bêtes à trompes ne sont pas spéciales aux femmes ; elles visitent aussi l'homme, le touchant au nombril, lui causant grande appréhension, et bientôt tout un ensemble de trompes, des parasols de trompes l'encerclent — comment résister ? Trompes qui deviennent si vite des tentacules. Comme c'est saisissant ! Comme on s'en doutait d'ailleurs ! Oh ! Trois heures du matin ! Heure de l'angoisse, la plus creuse, la plus maligne de la nuit !

Les animaux à matrices multiples, aux matrices bleues de lèpre, apparaissent vers les quatre heures du matin ; ils se retournent tout d'un coup et vous tombez dans un lac ou dans de la boue.

Mais les yeux restent les grandes commandes de l'effroi.

Cette bête lève la patte pour se soulager. Que ne vous êtes-vous méfié ? Elle lève la patte de derrière et démasque au centre d'une touffe de poils roux un œil vert et méchant, perfide et qui ne croit plus à rien ; ou ce sont des colliers d'yeux dans le cou qui tournent fébrilement de tous côtés, ou les émissaires du Juge qui vous regardent de partout sous des paupières de pierre avec les yeux implacables de la grandeur unie à la mesquinerie ou aux remords et qui profitent de votre raison sans défense.

Sitôt la maladie terminée, ils s'en vont. On ne garde pas de relations avec eux et comme les êtres vivants n'en ont pas noué, il ne reste bientôt plus rien de l'immense troupeau, et l'on peut reprendre une existence entièrement renouvelée.

Seuls les animaux des intoxiqués de conti-
nence ne meurent pas. Ils accompagnent leur
homme, sans répit.

Prompts à agir, lugubres et tenaces, ils ac-
complissent parfois le crime de bestialité. Ils
sont poilus avec des parties molles, ou nus, avec
une tendance à se bleuter.

Mais revenons à la proie. Le malade est dans
son lit, sous des couvertures plus lourdes que
lui-même et sa main pendante, faible comme
bandage défait. Quel animal n'en profiterait ?
Juste revanche. On voit un scarabée parcourir
un grand chemin, pour traverser cet œil qui
tant l'intrigua. Contre un homme il ne peut lut-
ter, mais contre une paupière lasse, comment ne
le pourrait-il pas ?

Il promène sur le globe oculaire la curiosité
de ses pattes qui semblent trifurquées,
quoiqu'elles ne le soient pas.

Il veut tout connaître de cette route blanche
et rentrante, aux zones bleues. Sans se presser,
il y promène son deuil raide et empesé.

Des loups viennent mordre le poignet sans
détente, et la main qui s'épuise. Les rats s'ap-
prochent, sautant sans bruit, sans bruit.

Impuissance, puissance des autres.

On n'a même pas la mort pour se défendre.
Pour les autres, on est encore presque chaud, et
désirable comme une jeune vierge en robe
transparente dans une caserne de troupiers.

A vouloir sans cesse hurler « au secours »,
l'attention du malade se disloque, et le fil de la
volonté est définitivement rompu.

A la nouvelle de ce fil brisé accourent irrémé-
diablement de tous les coins de l'horizon, du
Passé et de l'Avenir même, avec la sécurité
qu'on a sur des terrains conquis d'avance, les
corps et les esprits monstrueux qui, rejetés, dor-
maient autrefois dans le lac brun.

Une flottille de cercueils apparaît près de la
jetée, cependant qu'un mort embroché par un
espadon fait un geste las, à moins que ce ne soit
de miséricorde.

Un chien à la langue pourrie hésite à lécher
le malade.

Une belette tremblante, le crâne ouvert, dans
un cerveau ruisselant de sang laisse voir une
petite roue dentée métallique.

Jamais de repos ; et quand la grande guêpe-
paradis, belle jusqu'aux cuisses et au-delà jaune
et calcinée, s'envole, cherchant son appui, se
pose et se courbe en mouvements spasmodiques
sur la lèvre du malade affolé qui n'en peut plus,
qui n'en peut plus... Oh mortelle minute, mor-
telle entre les mortelles !

Souffle de malade, que peux-tu ? toi qui ne pour-
rais même plus soulever une aile d'insecte !

Sa main alors... car ce n'est pas une fois
qu'une main peut être détruite. Etrange multi-
plication, un lion l'a broyée, une panthère la

reprend, un ours ensuite la reprend. Morcelée, jamais si détruite qu'elle n'attire encore un ennemi.

Une hyène pour finir ; non jamais « pour finir ». Epave sur les flots, jamais on ne s'occupa autant d'elle, la retournant, la roulant, la reprenant sans cesse.

D'une montagne couleur de rouille sortent les animaux des grosses espèces, cent petites sortent de partout, des membres inférieurs, d'une jambe bien faite, creuse assurément ; d'ailleurs, qu'est-ce qui n'est pas creux ?

D'un mur humide suintent des vers, des vers, des anguilles, des orvets, des lamproies et des congres toujours assoiffés de sang et de carnage.

— Ils n'ont certes pas de consistance.

— Allons donc, ils en prennent bientôt, ils en prennent extrêmement vite de la consistance, comme un pardessus, qui, vu de dos paraît vide, mais qui, contourné, en un instant se trouve gros d'un Monsieur important, qui vous observe avec condescendance.

Pas un animal qui soit absolument inoffensif. Le plus lent, le plus enfermé en lui-même, tout à coup une violence insoupçonnable le fait éclater, et le voilà dépoitraillé, ses enveloppes crevées, et ses boyaux qui versent, lourds et hideux, charge qu'on cache tant qu'on peut, à soi-même et aux autres.

Qui donc a dit les animaux farouches ? Curieux au contraire. Comme ils viennent voir, dès qu'ils vous savent cloué au lit. Ils tombent, ils vous assaillent, ils n'ont de centre qu'en vous.

Même les choses ne trouvent leur centre qu'en vous. Accrochées, elles attendaient de pouvoir trouver en vous leur centre et l'immense force d'immobilité leur vient à point contre le pauvre malade, toujours tressaillant et sur le qui-vive.

Un homme fut frappé par un roc qu'il avait trop regardé. Le roc n'avait pas bougé. Tous les natifs de l'endroit peuvent l'attester. Et d'ailleurs peu importe, peu importent les rumeurs, le malade sait *d'expérience*.

Dans le monde des animaux, tout est transformation. Pour dire la chose d'un mot, ils ne songent qu'à cela. Dites-moi, qu'y a-t-il de plus protéiforme que le cheval ?

Tantôt phoque, il vient prendre l'air entre deux cassures de la banquise, tantôt farouche et malheureux, il écrase tout comme l'éléphant en rut.

Vous jetez par terre une bille, c'est un cheval. Deux billes, deux chevaux, dix billes, sept à huit chevaux au moins... quand c'est l'époque.

On en voit à grands flots sortir d'une gare, à l'improviste, agitant leur grande tête douce qui peut devenir si folle, si folle ; et c'est la ruée, vers la sortie, piétinant tout ce qui se trouve sur leur chemin et vous-même, pauvre malade, qui pour une illusion de liberté vous étiez traîné vers la gare, vers les trains qui, pour un peu d'argent, transportent à la mer, à la montagne.

En rentrant, vous les retrouvez semblables cette fois plutôt à des caniches collants, qui demandent toujours à être dorlotés, qui trouvent toujours une porcelaine à casser ou un nez fin de statue à opposer désastreusement à un bloc de matière plus résistant.

Et on n'ose les renvoyer à cause de l'escalier où, se changeant une fois de plus en gros percherons, ils feront, outre un bruit de tonnerre qui attirera tous les locataires, de grands dégâts en eux-mêmes et au dehors (jarrets brisés et ce qu'on ne prévoit que trop aisément !). Douze chevaux dans un escalier, le plus large y suffirait à peine, et d'ailleurs dans le cas d'escaliers plus grands, il y aurait beaucoup plus de chevaux, des escadrons de chevaux (l'imagination malade ne se trompe jamais dans ses comptes. Elle ne fait jamais trop petit, jamais, jamais).

Les naseaux en feu, l'encolure raide, et les lèvres convulsées, ils dévalent de tous côtés ; rien, absolument rien ne peut les en empêcher.

Mais assez parlé des chevaux. Le spectacle est grand partout, et généreusement offert.

Quand la maladie, aidée des tambours de la fièvre, entreprend une grande battue dans les forêts de l'être, si riche en animaux, que n'en sort-il pas ?

Pour le malade, pas d'espèces éteintes. Elles peuvent se réveiller, d'un sommeil de quarante mille ans.

Le Toxodon pour lui revit, pour lui seul, et le Dinornis géant pond pour lui un dernier œuf, puis aussitôt après fond sur le curieux qui s'était laissé aller à l'observer innocemment. Peu prudent, jamais assez prudent ! Et tandis qu'il est renversé, l'énorme Mégathérium se levant, les os encore trempés des boues du Tertiaire, vient peser sur sa poitrine angoissée.

Que ne peut la maladie ?

Guidés par votre propre sentiment de renversement et de nervosité, les animaux se renversent et se déboîtent.

Le singe se renverse et devient balai, un balai roux penché nonchalamment contre la muraille.

La loutre se renverse et devient éponge, elle ne bouge plus et s'enfonce lentement dans l'eau.

L'âne se renverse et devient un buffle et devient un requin qui s'élance vers vous, la gueule renversée pour happer tandis que, en qualité de constrictor, le python royal serre à craquer votre thorax oppressé.

Et le jeu monstrueux se poursuit à travers l'interminable nuit qui est la nuit des fiévreux.

De plus graves malheurs apparaissent. Opacité de la tête, qui t'a bien connue, ne s'étonne plus.

Troupeaux dans le crâne, on vous supporte, mais troupeaux au galop, qui vous supporterait ? Sons de mélodie, si vous deveniez clous pointus ?

La tarière qui s'enfonce dans le cerveau traverse le moment présent d'un tranchant d'une pointe inégalable. Qu'est-ce qui est plus exclusivement actuel ? Branches fulgurantes de la douleur sur lesquelles aucun oiseau ne se posera.

Mais parfois aussi la maladie s'en va et son théâtre part avec elle. Heureuse convalescence, qui voit tous les animaux diminuer de taille et se raréfier, les prairies redevenir vertes et paisibles, les murs et les meubles reprendre leur air de lourdauds incapables de tout sauf de se tenir sur place toujours, pour leur repos et celui de votre esprit.

Un immense drap se déchire à votre oreille et l'on « entend » un profond silence, bordé de cavernes qui ne paraissent pas prêtes à céder.

Dans ce profond silence seul compatible avec son délicieux bruissement, vit la santé. Allons, tu es rentré dans la vie, petit.

Innocent et bientôt oublieux... et jusqu'à la prochaine.

*L'insoumis*

## L'INSOUMIS

Quittant le balcon où défilait le Monde, quand il faut rentrer sans arcades, dans la gueule froide de la journée grignoteuse, devant les centaines de boîtes qu'il faut remplir précipitamment, quand il faut quitter le grand vide admirable où l'on avait séjour...

Tristesse du réveil !

Il s'agit de redescendre, de s'humilier.

L'homme retrouve sa défaite : le quotidien.

Ayant perdu les témoins de sa splendeur, il ne sait que dire. Il peut même passer pour un imbécile, un médiocre, un homme de rien, cependant qu'il y a peu d'instants encore, il se trouvait entre les Majestés, lui-même sur un trône, parmi les souverains masqués et qu'en grande pompe le suivaient ses gens, tandis que s'élevant toujours plus haut, plus haut encore, il abordait à la plate-forme suprême, où, seul, le son des grandes trompettes de la victoire pouvait le rejoindre.

C'est fini. En vain, le pauvre remonta d'un élan irrésistible le cours de son destin. En vain, il s'éleva.

Il lui faut en un instant, et incertain s'il la reverra jamais, quitter sa vraie famille, les célestes siens, pour revenir parmi les étrangers qui se disent ses proches et ne le connaissent pas.

Il regarde autour de lui. Il se sent accablé.

La journée le reprend comme un train omnibus prend sa charge de journaliers. Allons, en route ! Et il lui faut s'éloigner.

Cependant, il se demande comment il pourrait rentrer dans le paradis perdu (et qu'importe que ce soit parfois un enfer).

Il médite l'évasion, car les « mous » sont les « durs », ne se laissent ni vaincre, ni convaincre, et se reforment entiers et agrandis sous la botte.

Tous les moyens lui sont bons. Pas besoin d'opium. Tout est drogue à qui choisit pour y vivre l'autre côté.

Attaquant son cœur à grands coups de café, ou même simplement de fatigue, ou même simplement d'imagination et du fluide intense de son désir, il décolle.

Il regarde ensuite le monde des objets immobiles, mais qui commencent à chanter, à tenir la note.

Les immeubles des boulevards, comme appelés à devenir d'immenses vaisseaux, commencent à se caréner.

D'autres voûtes entre les voûtes des monuments se mettent à osciller lentement.

Des plafonds descendent continuellement des plafonds... et sans remonter jamais.

Des visages émanés de son propre visage, partout le regardent.

Ses tempes chantent haut, en ténor. Cependant que les agrès intérieurs se raidissent.

Dans la tempête, il entend le Monde, comme il sonne vraiment. Oh ! Qu'il résonne étrangement ! Il le voit aussi, comme il est, jaune, essentiellement jaune et mêlé d'un peu de boue et d'ocre.

Il est dans la trajectoire et la vie prend un tout autre sens. Chacun est après une autre chandelle. C'est la poursuite vertigineuse, et il n'est pas de pont dans un tourbillon.

Son cœur se met à sauter comme une balle.

En sa poitrine, c'est à présent le barattement du lac de l'émotion.

Comme des bulles, des horizons toujours nouveaux apparaissent, croissent, se dilatent, crèvent, réapparaissent, s'étirent, se dilatent, et encore, et encore...

Progressivement et rapidement formées des cuirasses de frissons maintenant l'isolent, comme son idée profonde isole le somnambule et le retire de la nuit, de ses pièges et de son grave défaut de lumière.

Dans le calme parfait qui précède les apparitions, son être galvanisé attend la révélation. (Celle-ci vient ou ne vient pas, étant sous une autre dépendance.) De toute façon, le versant est bientôt dépassé, car il y a toujours un versant, et il retombe.

Ce redoublement de fatigue, quoique au premier abord décevant, lui est une nouvelle occasion de lâcher pied et de déserter l'odieux compartimentage du monde.

Capitaine à la débâcle, il détruit les derniers échafaudages, il nivelle tout dans la cendre, il accomplit la ruine.

C'est ainsi qu'il aura été un grand bâtisseur. Sans remuer un doigt, il aura été un grand aventurier.

Ni but, ni buter, il faut savoir dévaler.

C'est le jeu de la pierre qui roule.


Il ouvre la fenêtre. *Un instant après,* il revient de plusieurs heures de vol. Tel est le Temps pour lui. Telle est sa vie.

*Je vous écris*
*d'un pays lointain*

# « JE VOUS ÉCRIS
## D'UN PAYS LOINTAIN »

### 1

Nous n'avons ici, dit-elle, qu'un soleil par mois, et pour peu de temps. On se frotte les yeux des jours à l'avance. Mais en vain. Temps inexorable. Soleil n'arrive qu'à son heure.

Ensuite on a un monde de choses à faire, tant qu'il y a de la clarté, si bien qu'on a à peine le temps de se regarder un peu.

La contrariété pour nous dans la nuit, c'est quand il faut travailler, et il le faut : il naît des nains continuellement.

### 2

Quand on marche dans la campagne, lui confie-t-elle encore, il arrive que l'on rencontre sur son chemin des masses considérables. Ce sont des montagnes et il faut tôt ou tard se mettre à plier les genoux. Rien ne sert de résister, on ne pourrait plus avancer, même en se faisant du mal.

Ce n'est pas pour blesser que je le dis. Je pourrais dire d'autres choses, si je voulais vraiment blesser.

### 3

L'aurore est grise ici, lui dit-elle encore. Il n'en fut pas toujours ainsi. Nous ne savons qui accuser.

Dans la nuit le bétail pousse de grands mugissements, longs et flûtés pour finir. On a de la compassion, mais que faire ?

L'odeur des eucalyptus nous entoure : bienfait, sérénité, mais elle ne peut préserver de tout, ou bien pensez-vous qu'elle puisse réellement préserver de tout ?

### 4

Je vous ajoute encore un mot, une question plutôt.

Est-ce que l'eau coule aussi dans votre pays ?

(je ne me souviens pas si vous me l'avez dit) et elle donne aussi des frissons, si c'est bien elle.

Est-ce que je l'aime ? Je ne sais. On se sent si seule dedans quand elle est froide. C'est tout autre chose quand elle est chaude. Alors ? Comment juger ? Comment jugez-vous vous autres, dites-moi, quand vous parlez d'elle sans déguisement, à cœur ouvert ?


5


Je vous écris du bout du monde. Il faut que vous le sachiez. Souvent les arbres tremblent. On recueille les feuilles. Elles ont un nombre fou de nervures. Mais à quoi bon ? Plus rien entre elles et l'arbre, et nous nous dispersons gênées.

Est-ce que la vie sur terre ne pourrait pas se poursuivre sans vent ? Ou faut-il que tout tremble, toujours, toujours ?

Il y a aussi des remuements souterrains, et dans la maison comme des colères qui viendraient au-devant de vous, comme des êtres sévères qui voudraient arracher des confessions.

On ne voit rien, que ce qu'il importe si peu de voir. Rien, et cependant on tremble. Pourquoi ?

### 6

Nous vivons toutes ici la gorge serrée. Savez-vous que, quoique très jeune, autrefois j'étais plus jeune encore, et mes compagnes pareillement. Qu'est-ce que cela signifie ? Il y a là sûrement quelque chose d'affreux.

Et autrefois quand, comme je vous l'ai déjà dit, nous étions encore plus jeunes, nous avions peur. On eût profité de notre confusion. On nous eût dit : « Voilà, on vous enterre. Le moment est arrivé. » Nous pensions, c'est vrai, nous pourrions aussi bien être enterrées ce soir, s'il est avéré que c'est le moment.

Et nous n'osions pas trop courir : essoufflées, au bout d'une course, arriver devant une fosse toute prête, et pas le temps de dire mot, pas le souffle.

Dites-moi, quel est donc le secret à ce propos ?

### 7

Il y a constamment, lui dit-elle encore, des lions dans le village, qui se promènent sans gêne aucune. Moyennant qu'on ne fera pas attention à eux, ils ne font pas attention à nous.

Mais s'ils voient courir devant eux une jeune

fille, ils ne veulent pas excuser son émoi. Non !
Aussitôt ils la dévorent.

C'est pourquoi ils se promènent constamment
dans le village où ils n'ont rien à faire, car ils
bâilleraient aussi bien ailleurs, n'est-ce pas évi-
dent ?


8


Depuis longtemps, longtemps, lui confie-t-elle,
nous sommes en débat avec la mer.

De très rares fois, bleue, douce, on la croirait
contente. Mais cela ne saurait durer. Son odeur
du reste le dit, une odeur de pourri (si ce n'était
son amertume).

Ici je devrais expliquer l'affaire des vagues.
C'est follement compliqué, et la mer... Je vous
prie, ayez confiance en moi. Est-ce que je vou-
drais vous tromper ? Elle n'est pas qu'un mot.
Elle n'est pas qu'une peur. Elle existe, je vous le
jure ; on la voit constamment.

Qui ? Mais nous, nous la voyons. Elle vient de
très loin pour nous chicaner et nous effrayer.

Quand vous viendrez, vous la verrez vous-
même, vous serez tout étonné. « Tiens ! » direz-
vous, car elle stupéfie.

Nous la regarderons ensemble. Je suis sûre
que je n'aurai plus peur. Dites-moi, cela n'arri-
vera-t-il jamais ?

## 9

Je ne peux pas vous laisser sur un doute,
continue-t-elle, sur un manque de confiance. Je
voudrais vous reparler de la mer. Mais il reste
l'embarras. Les ruisseaux avancent ; mais elle,
non. Ecoutez, ne vous fâchez pas, je vous le jure,
je ne songe pas à vous tromper. Elle est comme
ça. Pour fort qu'elle s'agite, elle s'arrête devant
un peu de sable. C'est une grande embarrassée.
Elle voudrait sûrement avancer, mais le fait est
là.

Plus tard peut-être, un jour elle avancera.

## 10

« Nous sommes plus que jamais entourées de
fourmis », dit sa lettre. Inquiètes, ventre à terre
elles poussent des poussières. Elles ne s'intéres-
sent pas à nous.

Pas une ne lève la tête.

C'est la société la plus fermée qui soit,
quoiqu'elles se répandent constamment au de-
hors. N'importe, leurs projets à réaliser. leurs

préoccupations... elles sont entre elles... partout.

Et jusqu'à présent pas une n'a levé la tête sur nous. Elle se ferait plutôt écraser.


## 11


Elle lui écrit encore :

« Vous n'imaginez pas tout ce qu'il y a dans le ciel, il faut l'avoir vu pour le croire. Ainsi, tenez, les... mais je ne vais pas vous dire leur nom tout de suite. »

Malgré des airs de peser très lourd et d'occuper presque tout le ciel, ils ne pèsent pas, tout grands qu'ils sont, autant qu'un enfant nouveau-né.

Nous les appelons des nuages.

Il est vrai qu'il en sort de l'eau, mais pas en les comprimant, ni en les triturant. Ce serait inutile, tant ils en ont peu.

Mais, à condition d'occuper des longueurs et des longueurs, des largeurs et des largeurs, des profondeurs aussi et des profondeurs et de faire les enflés, ils arrivent à la longue à laisser tomber quelques gouttelettes d'eau, oui, d'eau. Et on est bel et bien mouillé. On s'enfuit, furieuses d'avoir été attrapées ; car personne ne sait le moment où ils vont lâcher leurs gouttes ; parfois ils restent des jours sans les lâcher. Et on resterait en vain chez soi à attendre.

### 12

L'éducation des frissons n'est pas bien faite dans ce pays. Nous ignorons les vraies règles et quand l'événement apparaît, nous sommes prises au dépourvu.

C'est le Temps, bien sûr. (Est-il pareil chez vous ?) Il faudrait arriver plus tôt que lui ; vous voyez, ce que je veux dire, rien qu'un tout petit peu avant. Vous connaissez l'histoire de la puce dans le tiroir ? Oui, bien sûr. Et comme c'est vrai, n'est-ce pas ! Je ne sais plus que dire. Quand allons-nous nous voir enfin ?

*Poèmes*

## REPOS DANS LE MALHEUR

Le Malheur, mon grand laboureur,
Le Malheur, assois-toi,
Repose-toi,
Reposons-nous un peu toi et moi,
Repose,
Tu me trouves, tu m'éprouves, tu me le
   prouves.
Je suis ta ruine.

Mon grand théâtre, mon havre, mon âtre,
Ma cave d'or,
Mon avenir, ma vraie mère, mon horizon.
Dans ta lumière, dans ton ampleur, dans mon
   horreur,
Je m'abandonne.

## MON SANG

Le bouillon de mon sang dans lequel je patauge
Est mon chantre, ma laine, mes femmes.
Il est sans croûte. Il s'enchante, il s'épand.
Il m'emplit de vitres, de granits, de tessons.
Il me déchire. Je vis dans les éclats.

Dans la toux, dans l'atroce, dans la transe
Il construit mes châteaux,
Dans des toiles, dans des trames, dans des
　　taches
Il les illumine.

## LA JEUNE FILLE DE BUDAPEST

Dans la brume tiède d'une haleine de jeune fille,
    j'ai pris place.
Je me suis retiré, je n'ai pas quitté ma place.
Ses bras ne pèsent rien. On les rencontre comme
    l'eau.
Ce qui est fané disparaît devant elle. Il ne reste
    que ses yeux,
Longues belles herbes, longues belles fleurs
    croissaient dans notre champ.
Obstacle si léger sur ma poitrine, comme tu t'ap-
    puies maintenant,
Tu t'appuies tellement, maintenant que tu n'es
    plus.

## SUR LE CHEMIN DE LA MORT

Sur le chemin de la Mort,
Ma mère rencontra une grande banquise ;
Elle voulut parler,
Il était déjà tard ;
Une grande banquise d'ouate.

Elle nous regarda mon frère et moi,
Et puis elle pleura.

Nous lui dîmes — mensonge vraiment absurde
    — que nous comprenions bien.
Elle eut alors ce si gracieux sourire de toute
    jeune fille,
Qui était vraiment elle,
Un si joli sourire presque espiègle ;
Ensuite elle fut prise dans l'Opaque.

## PAIX ÉGALE

Paix des nerfs au cœur malade.
Paix égale mûrir sa loi,
sucée à la vie,
à la vie nébuleuse, à la vie...
Mais lourd le char, lourd, lourd.

Les apaiser,
Leur envoyer du vent,
Le vent chaud des bouches suaves,
Le vent chaud du désert souverain.

« Et maintenant... FERMEZ vos corolles d'an-
goisse ! »

# PENSÉES

Penser, vivre, mer peu distincte ;
Moi — ça — tremble,
Infini incessamment qui tressaille.

Ombres de mondes infimes,
ombres d'ombres,
cendres d'ailes.

Pensées à la nage merveilleuse,
qui glissez en nous, entre nous, loin de nous,
loin de nous éclairer, loin de rien pénétrer ;

étrangères en nos maisons,
toujours à colporter,
poussières pour nous distraire et nous éparpiller
    la vie.

## VIEILLESSE

Soirs ! Soirs ! Que de soirs pour un seul matin !
Ilots épars, corps de fonte, croûtes !
On s'étend mille dans son lit, fatal déréglage !

Vieillesse, veilleuse, souvenirs : arènes de la mé-
   lancolie !
Inutiles agrès, lent déséchafaudage !
Ainsi, déjà, l'on nous congédie !
Poussé ! Partir poussé !
Plomb de la descente, brume derrière...
Et le blême sillage de n'avoir pas pu Savoir.

# LE GRAND VIOLON

Mon violon est un grand violon-girafe ;
j'en joue à l'escalade,
bondissant dans ses râles,
au galop sur ses cordes sensibles et son ventre
    affamé aux désirs épais,
que personne jamais ne satisfera,
sur son grand cœur de bois enchagriné,
que personne jamais ne comprendra.
Mon violon-girafe, par nature a la plainte basse
    et importante, façon tunnel,
l'air accablé et bondé de soi, comme l'ont les
    gros poissons gloutons des hautes profon-
    deurs,
mais avec, au bout, un air de tête et d'espoir
    quand même,
d'envolée, de flèche, qui ne cédera jamais.
Rageur, m'engouffrant dans ses plaintes, dans
    un amas de tonnerres nasillards,
j'en emporte comme par surprise
tout à coup de tels accents de panique ou de bébé
    blessé, perçants, déchirants,

que moi-même, ensuite, je me retourne sur lui,
   inquiet, pris de remords, de désespoir,
et de je ne sais quoi, qui nous unit, tragique, et
   nous sépare.

## DANS LA NUIT

Dans la nuit
Dans la nuit
Je me suis uni à la nuit
A la nuit sans limites
A la nuit.

Mienne, belle, mienne.

Nuit
Nuit de naissance
Qui m'emplit de mon cri
De mes épis.
Toi qui m'envahis
Qui fais houle houle
Qui fais houle tout autour
Et fumes, es fort dense
Et mugis
Es la nuit.
Nuit qui gît, nuit implacable.
Et sa fanfare, et sa plage

Sa plage en haut, sa plage partout,
Sa plage boit, son poids est roi, et tout ploie sous
lui
Sous lui, sous plus ténu qu'un fil
Sous la nuit
La Nuit.

## TÉLÉGRAMME DE DAKAR

Dans le noir, le soir,
auto dans la campagne.
Baobabs, Baobabs,
baobabs,
Plaine à baobabs.


Baobabs beaucoup baobabs
baobabs
près, loin, alentour,
Baobabs, Baobabs.


Dans le noir, le soir,
sous des nuages bas, blafards, informes,
loqueteux, crasseux,
en charpie, chassés vachement
par vent qu'on ne sent pas,
sous des nuages pour glas,
immobiles comme morts sont les baobabs.

Malédiction !
Malédiction sur CHAM !
Malédiction sur ce continent !

Village
village endormi
village passe

De nouveau dans la plaine rouverte : Baobabs
Baobabs baobabs Baobabs
Afrique en proie aux baobabs !

Féodaux de la Savane. Vieillards-Scorpions.
Ruines aux reins tenaces. Poteaux de la Savane.
Tams-tams morbides de la Terre de misère.
Messes d'un continent qui prend peur
Baobabs.

Village

Noirs
Noirs combien plus noirs que de hâle
Têtes noires sans défense avalées par la nuit.
On parle à des décapités
les décapités répondent en « *ouolof* »
la nuit leur vole encore leurs gestes.
Visages nivelés, moulés tout doux sans appuyer
village de visages noirs
village d'un instant
village passe

Baobab Baobab
    Problème toujours là, planté.
    Pétrifié — exacerbé
    arbre-caisson aux rameaux-lourds
    aux bras éléphantiasiques, qui ne sait
    fléchir.

Oh lointains
Oh sombres lointains couvés par d'autres
    Baobabs
    Baobabs, Baobabs, Baobabs
    Baobabs que je ne verrai jamais
    répandus à l'infini. Baobabs.

Parfois s'envole un oiseau, très bas, sans élan,
    comme une loque
    Un Musulman collé à la terre implore Al-
    lah
    Plus de Baobabs.

    Oh mer jamais encore aussi amère
    Le port au loin montre ses petites pinces
      (escale maigre farouchement étreinte).

Plus
plus
plus de baobabs
baobabs
baobabs
peut-être jamais plus

baobabs
baobabs
baobabs.

## MAIS TOI, QUAND VIENDRAS-TU ?

Mais Toi, quand viendras-tu ?
Un jour, étendant Ta main
sur le quartier où j'habite,
au moment mûr où je désespère vraiment ;
dans une seconde de tonnerre,
m'arrachant avec terreur et souveraineté
de mon corps et du corps croûteux
de mes pensées-images, ridicule univers ;
lâchant en moi ton épouvantable sonde,
l'effroyable fraiseuse de Ta présence,
élevant en un instant sur ma diarrhée
Ta droite et insurmontable cathédrale ;
me projetant non comme homme
mais comme obus dans la voie verticale,
TU VIENDRAS.


Tu viendras, si tu existes,
appâté par mon gâchis,
mon odieuse autonomie ;

sortant de l'Ether, de n'importe où, de dessous
mon moi bouleversé, peut-être ;
jetant mon allumette dans Ta démesure,
et adieu, Michaux.

Ou bien, quoi ?
Jamais ? Non ?
Dis, Gros lot, où veux-tu donc tomber ?

## COMME PIERRE DANS LE PUITS

Je cherche un être à envahir
Montagne de fluide, paquet divin,
Où es-tu mon autre pôle ? Etrennes toujours
　remises,
Où es-tu marée montante ?
Refouler en toi le bain brisant de mon intolé-
　rable tension !
Te pirater.

Présence de soi : outil fou.
On pèse sur soi
On pèse sur sa solitude
On pèse sur les alentours
On pèse sur le vide
On drague.

Monde couturé d'absences
Millions de maillons de tabous
Passé de cancer
Barrage des génufléchisseurs et des embretellés ;

Oh ! Heureux médiocres
Tettez le vieux et la couenne des siècles
et la civilisation des désirs à bon marché
Allez, c'est pour vous tout ça.


La rage n'a pas fait le monde
mais la rage y doit vivre.
Camarades du « Non » et du crachat mal rentré,
Camarades... mais il n'y a pas de camarades du
    « Non ».
Comme pierre dans le puits mon salut à vous !
Et d'ailleurs, Zut !

## AVENIR

Siècles à venir
Mon véritable présent, toujours présent,
obsessionnellement présent...


Moi qui suis né à cette époque où l'on hésitait
    encore à aller de Paris à Péking, quand
    l'après-midi était avancée, parce qu'on crai-
    gnait de ne pouvoir rentrer pour la nuit.
Oh ! siècles à venir, comme je vous vois.


Un petit siècle épatant, éclatant, le 1400ᵉ siècle
    après J.-C., c'est moi qui vous le dis.
Le problème était de faire aspirer la lune hors
    du système solaire. Un joli problème. C'était à
    l'automne de l'an 134957 qui fut si chaud,
    quand la lune commença à bouger à une
    vitesse qui éclaira la nuit comme vingt soleils
    d'été, et elle partit suivant le calcul.

Siècles infiniment éloignés,

Siècles des homoncules vivant de 45 à 200 jours, grands comme un parapluie fermé, et possédant leur sagesse comme il convient,

Siècles des 138 espèces d'hommes artificiels, tous ou presque tous, croyant en Dieu — naturellement ! — et pourquoi non ? volant sans dommage pour leur corps, soit dans la stratosphère, soit à travers 20 écrans de gaz de guerre.

Je vous vois,

Mais non je ne vous vois pas.

Jeunes filles de l'an douze mille, qui dès l'âge où l'on se regarde dans un miroir, aurez appris à vous moquer de nos lourds efforts de mal dételés de la terre.

Que vous me faites mal déjà.

Un jour pour être parmi vous et je donnerais toute ma vie tout de suite.

Pas un diable hélas pour me l'offrir.

Les petites histoires d'avions (on en était encore au pétrole, vous savez les moteurs à explosion), les profondes imbécillités d'expériences sociales encore enfantines ne nous intéressaient plus, je vous assure.

On commençait à détecter l'écho radioélectrique en direction du Sagittaire situé à

2 250 000 kilomètres qui revient après 15 se-
condes et un autre tellement plus effacé, situé
à des millions d'années-lumière ; on ne savait
encore qu'en faire.

Vous qui connaîtrez les ultra-déterminants de la
pensée et du caractère de l'homme, et sa sur-
hygiène

qui connaîtrez le système nerveux des grandes
nébuleuses

qui serez entrés en communication avec des êtres
plus spirituels que l'homme, s'ils existent

qui vivrez, qui voyagerez dans les espaces inter-
planétaires,

Jamais, Jamais, non JAMAIS, vous aurez beau
faire, jamais ne saurez quelle misérable ban-
lieue c'était que la Terre. Comme nous étions
misérables et affamés de plus Grand.

Nous sentions la prison partout, je vous le jure.

Ne croyez pas nos écrits (les professionnels, vous
savez...)

On se mystifiait comme on pouvait, ce n'était pas
drôle en 1937, quoiqu'il ne s'y passât rien,
rien que la misère et la guerre.

On se sentait là, cloué dans ce siècle,

Et qui irait jusqu'au bout ? Pas beaucoup. Pas
moi...

On sentait la délivrance poindre, au loin, au
loin, pour vous.

On pleurait en songeant à vous,
Nous étions quelques-uns.
Dans les larmes nous voyions l'immense escalier
    des siècles et vous au bout,
nous au bas,
Et on vous enviait, oh ! Comme on vous enviait
et on vous haïssait, il ne faudrait pas croire, on
    vous haïssait aussi, on vous haïssait...

*Difficultés*

(1930)

## LE PORTRAIT DE A.

Qu'il s'agisse de l'Atlantique, on dira :
l'Océan ! l'« Océan ! » On roulera ses yeux inté-
rieurs.

Cependant parut sur terre une vie chétive et
près du sol, comme celle d'un rat dont à peine
on a su un grignotement, et pas bien certain, et
ses poils et sa fuite ; et de nouveau le silence. La
vie de A., une de ces vies insignifiantes, et pour-
tant Océan, Océan, et qui chemine, et où va-t-il ?
Et mystère son moi.

*

Il se demande où est sa vie, parfois elle lui
paraît en avant, rarement passée ou actuelle,
plutôt à faire. Il la pelote, il l'oriente, il l'essaie ;
il ne la voit pas.

Toutefois, c'est sa vie.

Plus limpide que vide, plus flèche que limpide
et plus encore atmosphérique.

*

Il cherche la jeunesse à mesure qu'il vieillit. Il l'espérait. Il l'attend encore. Mais il va bientôt mourir.

*

Les autres ont tort. Cela est sûr. Mais lui, comment doit-il vivre ? Toujours agir avant de savoir...

*

Jusqu'au seuil de l'adolescence il formait une boule hermétique et suffisante, un univers dense et personnel et trouble où n'entrait rien, ni parents, ni affections, ni aucun objet, ni leur image, ni leur existence, à moins qu'on ne s'en servît avec violence contre lui. En effet, on le détestait, on disait qu'il ne serait jamais homme.

Il était sans doute destiné à la sainteté. Son état était des plus rares, déjà. Il se soutenait comme on dit avec rien, sans jamais faiblir, s'en tenant à son minimum mince mais ferme, et sentant passer en lui de grands trains d'une matière mystérieuse.

Mais les médecins, à force de s'acharner contre lui par l'idée fixe qu'ils ont de la nécessité

du manger et des besoins naturels, l'ayant en-
voyé au loin, dans la foule étrangère de petits
gredins de paysans puants, réussirent un peu à le
vaincre. Sa parfaite boule s'anastomosa et même
se désagrégea sensiblement.

*

Son père avait ceci pour idéal : se retirer.
Jamais il n'eut rien d'offrant. Il était prudent,
très prudent, d'humeur égale et triste. Il s'effa-
çait parfois comme une tache. Il avait aussi de
ces énervements terribles, douloureux, et extrê-
mement rares comme en ont les éléphants lors-
que, quittant une tranquillité qui leur a coûté
des années de surveillance, ils s'abandonnent à
la colère pour une bagatelle.

*

Pour disloquer la boule, il y avait aussi le
froid et le vent du nord, qui est dur et souverain
dans ce pays parfaitement plat où il passe comme
un rasoir.

Jamais on ne s'adressa à la joie pour lui.

*

Une grande langueur, la boule. Une grande
langueur, une grande lenteur ; une rotation

puissante. Une inertie, une maîtrise, une assu-
rance. Ce quelque chose de particulièrement sta-
ble qu'on rencontre assez souvent, dans les vices,
ou dans les états maladifs.

\*

De grosses lèvres de Bouddha, fermées au pain
et à la parole.

\*

La boule donc perdit sa perfection.
La perfection perdue, vient la nutrition, vien-
nent la nutrition et la compréhension. A l'âge de
sept ans, il apprit l'alphabet et mangea.

\*

Ses premières pensées furent sur la personne
de Dieu.
Dieu est boule. Dieu est. Il est naturel. Il doit
être. La perfection est. C'est lui. Il est seul conce-
vable. Il est. De plus, il est immense.

\*

Il vécut pendant des années, l'œil sur le bassin
intérieur.

*

Ce qui est divin est la nature. Les choses immédiates sont la nature. La transsubstantiation est la nature. Les miracles sont la nature. Les miracles, la lévitation. La joie parfaite. La fusion dans l'amour est la nature. La libération de l'âme.

*

La chute de l'homme est notre histoire. La perte de la vue de Dieu est notre histoire. Notre châtiment est notre histoire. La croix, nos misères, nos efforts, nos difficultés à monter, nos espoirs.

Notre histoire et notre explication.

*

Comme les Espagnols ont besoin de l'idée du péché, et du Christ martyrisé, misérable, objet des traitements les plus injustes et les plus cruels qui furent jamais, et cette race faite pour le tragique n'eût pas été accomplie si ce compagnon bouleversant lui eût fait défaut ; ainsi la notion du paradis perdu et de la chute de l'homme lui était profondément nécessaire.

A : l'homme après la chute.

*

Les choses sont une façade, une croûte. Dieu seul est. Mais dans les livres, il y a quelque chose de divin.

Le monde est mystère, les choses évidentes sont mystère, les pierres et les végétaux. Mais dans les livres peut-être y a-t-il une explication, une clef.

Les choses sont dures, la matière, les gens, les gens sont durs, et inamovibles.

Le livre est souple, il est dégagé. Il n'est pas une croûte. Il émane. Le plus sale, le plus épais émane. Il est pur. Il est d'âme. Il est divin. De plus il s'abandonne.

*

Dans l'ensemble, les livres furent son expérience.

*

Il manquait d'attention, et même intéressé, ne remarquait pas grand-chose, comme si seulement une couche extérieure d'attention s'ouvrait en lui, mais non son « moi ». Il restait là, dodelinant. Il lisait énormément, très vite et très mal. C'était la forme que prenait l'attention chez lui. Car, tant que son fond restait indécis et mystérieux et peu palpable, son attention consistait à trouver dans un livre ce même univers fuyant et sans contours. Lisant comme il faisait, même un manuel d'arithmétique, ou du François Coppée, devenait une nébuleuse.

Et s'il se mettait à lire lentement, voulant « retenir » : néant ! C'était comme s'il regardait des pages blanches ! Mais il pouvait très bien relire, du moment que ce fût vite. On conçoit cela aisément. Il formait ainsi une nouvelle, une autre nébuleuse. Et la sympathie venant du souvenir agréable le soutenait aussitôt.

*

Dans les livres, il cherche la révélation. Il les parcourt en flèche. Tout à coup, grand bonheur, une phrase... un incident... un je ne sais quoi, il y a là quelque chose... Alors il se met à léviter vers ce quelque chose avec le plus qu'il peut de lui-même, parfois s'y accole d'un coup comme le fer à l'aimant. Il y appelle ses autres notions : « venez, venez ». Il est là quelque temps dans les tourbillons et les serpentins et dans une clarté qui dit « c'est là ». Après quelque intervalle, toutefois, par morceaux, petit à petit, le voilà qui se détache, retombe un peu, beaucoup, mais jamais si bas que là où il était précédemment. Il a gagné quelque chose. Il s'est fait un peu supérieur à lui-même.

Il a toujours pensé qu'une idée de plus n'est pas une addition. Non, un désordre ivre, une perte de sang-froid, une fusée, ensuite une ascension générale.

Les livres lui ont donné quelques révélations. En voici une : les atomes. Les atomes, petits dieux. Le monde n'est pas une façade, une apparence. Il est : ils sont. Ils sont, les innombrables petits dieux, ils rayonnent. Mouvement infini, infiniment prolongé.

\*

Ah ! Comprendre le monde cette fois, ou jamais !

\*

Des années passent...
Chaînes infinies des atomes au monde.
Imagination infinie de la réflexion, de l'explication.
Des années passent.
Les yeux commencent à lui sortir de la tête.
Atomes décevants.

\*

Science immense et monotone. Ficelé aux petits dieux. Comme la langue française intercepte

le génie allemand et généralement tout ce qui
n'est pas français...

Unilatéral, et toujours coffré par la perfec-
tion.

*

Un jour, à vingt ans, lui vint une brusque illu-
mination. Il se rendit compte, enfin, de son anti-
vie, et qu'il fallait essayer l'autre bout. Aller
trouver la terre à domicile et prendre son départ
du modeste. Il partit.

*

Ce n'était pas orienter sa vie, c'était la déchi-
rer. Si un contemplatif se jette à l'eau, il n'es-
saiera pas de nager, il essaiera d'abord de com-
prendre l'eau. Et il se noiera.

(C'est pourquoi les donneurs de conseils doi-
vent se méfier.)

*

Pauvre A., que fais-tu en Amérique ? Des mois
passent ; souffrir ; souffrir. Que fais-tu à bord de
ce bateau ? Des mois passent ; souffrir, souffrir.
Matelot, que fais-tu ? Des mois passent, souffrir,
souffrir. Professeur, que fais-tu ? Des mois pas-

sent. Souffrir, souffrir, apprends bien toutes les façons puisque ce sera ta vie. Non pas absolument toutes, les honteuses surtout, puisque ce sera là ta vie.

\*

Il ne se surestime pas. Il a pris d'un coup pour toujours l'idée implacable de son insuffisance. Cela mange son dernier bien mental. Une semaine a suffi. Il est devenu extraordinairement petit.

\*

La honte. Cela ne crie pas. C'est un refroidissement. Chez lui rien n'est momentané. Un sentiment est bientôt mûri, généralisé et s'il est du genre précédent, fait atterrir les autres immédiatement.

\*

Quand on ne sait rien faire, il faut être prêt à tout. Il a cette sorte de courage. L'idée d'action le hante, comme le paradis impossible à sa nature, la cure invraisemblable.

Tous les matins il fait son examen de conscience et il tord sa journée entière dans le sens de sa méditation, et de ce qui lui paraît pro-

pre à être modifié, mais tantôt ce sont des
erreurs, tantôt des progressions de détail.

Chaque matin il doit recommencer... et il mé-
dite. Mais la journée vient et toujours il se
déborde.

Il voudrait agir. Mais la boule veut la perfec-
tion, le cercle, le repos.

\*

Il se meut pourtant continuellement. De sa
boule sort un muscle. Le voici heureux. Il va
pouvoir marcher comme les autres, mais un
muscle à lui seul ne peut créer la marche. Il se
fatigue bientôt. Il ne fait plus un mouvement.
C'est le soir de chaque jour.

Il a ainsi des milliers de départs de muscles.
Ce n'est pas la marche. Il croit qu'ils vont engen-
drer la marche. Il n'est qu'une boule. Il s'entête.
Il est à l'affût du mouvement. Il est le fœtus dans
un ventre. Le fœtus ne marchera jamais, jamais.
Il faut le sortir et ça c'est autre chose. Mais il
s'entête, car c'est un être qui vit.

\*

Océan ! Océan ! A. est nommé professeur ! Sot-
tise ! L'Océan est au-dessous ; se cache, se défend
par les armes propres à l'Océan, qui sont couche
sur couche et enveloppements, ne pas se dépla-

cer, pourtant n'être jamais là où il était il y a un
instant.

*

Mais il va bientôt mourir...

# LA NUIT DES EMBARRAS

*Dans cet univers, il y a peu de sourires.*
*Celui qui s'y meut fait une infinité de*
*rencontres qui le blessent.*
*Cependant on n'y meurt pas.*
*Si l'on meurt, tout recommence.*

Les charrues en sucre blanc ou en verre souf-
flé ou en porcelaine sont un obstacle à la circu-
lation.

Les nappes de lait caillé aussi, quand elles
viennent jusqu'aux genoux.

Si par hasard chacun tombe dans une barri-
que, même si le fond a disparu et que les pieds
soient libres, la marche et la circulation devien-
nent difficiles.

Si au lieu des tonneaux, ce sont des kiosques
(joyeux aux yeux d'autrui, certes, mais...) la
marche y est fort fatigante.

Un monde de dos de vieilles pour trottoir,
aussi.

Les fagots de baguettes de verre blessent, c'est inévitable. Les fagots en verre blessent, les fagots de tibias effraient plutôt.

Les murs en viande avariée, même fort épais, s'affaissent et se bombent. On ne peut pas dire qu'on puisse y vivre sans les surveiller un peu du coin de l'œil.

Quand on aperçoit dans sa main de fines veines en acier, cela vous refroidit considérablement, la paume cesse d'être un creux, petite chemise maintenant tendue de pus, on est gêné, les interventions manuelles passent au strict minimum.

Un cratère qui, dans une joue adorable, s'ouvre sous le baiser, c'est bien peu charmant. Sa dentelle pourrie ne séduit pas. On se tourne d'un autre côté.

Les citrons noirs font peur à voir. Un jersey en vers de terre, s'il donne de la chaleur, la donne aux dépens de bien des sentiments.

Des hommes qui tombent coupés en deux par le travers, les tessons d'homme, ces gros tessons d'os et de chair, ne sont guère des compagnons.

Les têtes qui ne communiquent plus avec le ventre que par des lianes, ou sèches ou humides, qui songerait encore à leur parler, à leur parler intimement, c'est-à-dire, sans arrière-pensée, avec naturel ? Et avec des lèvres de zinc quelle tendresse est encore possible ? Et si aux pauvres

on offre des tartes à la compote de boulons, qui
ne se vantera d'être riche ?

Quand le beurre perdant l'équilibre sur le
couteau, et grossi d'un coup, tombera comme
une dalle, « gare aux genoux ! ».

Et voilà maintenant des corps de poulpe dans
l'oreiller !

Et si la cravate devient de la colle coulante,
    et l'œil un caneton aveugle maigrement duve-
té et que le premier froid va assassiner,

Et si le pain se fait ours et réclame sa part et
il est prêt à tuer,

Et si les oiseaux de proie qui désirent passer
d'un coin du ciel à l'autre, aveuglés par on ne
sait quelle idée, utilisent dorénavant comme
trajet votre propre corps agrandi par miracle, se
frayant un passage à travers les fibres des gros
tissus ; avec leur bec recourbé, ils font d'inutiles
dégâts et les serres des maudits oiseaux se pren-
nent gauchement dans les organes essentiels.

Et si, cherchant le salut dans la fuite, vos
jambes et vos reins se fendent comme du pain
rassis, et que chaque mouvement les rompe de
plus en plus, de plus en plus. Comment s'en
tirer maintenant ? Comment s'en tirer ?

# LA NUIT DES DISPARITIONS

*La nuit n'est pas comme le jour.*
*Elle a beaucoup de souplesse.*

La bouche de l'homme s'ouvre. La langue s'arrache violemment et s'en retourne au monde aqueux et elle nage avec délices et les poissons admirent comme elle est restée souple. L'homme la poursuit perdant son sang et lui, l'eau l'embarrasse. Il n'y voit pas fort clair. Non, il n'y voit pas fort clair.

Les œufs pour le repas du soir ont disparu. Cherchez-les dehors, mais au chaud. Œufs dans l'haleine d'un veau. Les œufs s'en vont là. C'est là qu'ils se plaisent. Ils se donnent rendez-vous dans l'haleine des veaux.

Allez me chercher mes ouragans ! Où sont entrés mes ouragans ? L'ouragan prend sa femme et ses enfants. Il les roule, il les emporte. Il part du milieu des mers. Il part pour un volcan,

un volcan au panache clair qui le séduit forte-
ment.

La prunelle trouve sa nacelle. Oh ! revenez !
revenez nacelle. On pleure. On s'accroche. Le
ballon n'a pas tellement besoin d'y voir. Il a
surtout besoin d'un bon vent.

Le bras qui faisait ses adieux, tout à coup
n'écoutant que son geste, s'en est allé. Il se diri-
ge mal dans la nuit obscure. Il se heurte. La
main s'accroche et le bras tournoie et oscille
entre l'est et l'ouest. Et s'il arrive à rejoindre la
bien-aimée, comment sera-t-il reçu ? Com-
ment ? Sûrement, il fera peur. Le voici donc qui
meurt agrippé à une branche.

Un groupe de couteaux s'élèvent dans le tronc
de l'arbre comme dans une cage d'ascenseur,
s'éjectent et puis poignardent la campagne. Il
devient imprudent de s'y aventurer. Les lapins qui
durent sortir pour une cause ou l'autre s'en repen-
tent amèrement et les blessures leur cuisent.

Pour finir, passe la brosse électrique. De cha-
cun elle tire des étincelles, des animaux éga-
lement, des arbres. Elle tire des étincelles,
d'abord c'est joyeux. Puis elle en tire de longs
fils lumineux, des fils cassés et la vie. Plus ne
seront hommes les hommes touchés. Ni chiens
les chiens ; ni saules les saules. Petits monu-
ments de cendre et de charbon, petits monu-
ments épars dans la campagne, que le vent vient
dérober petit à petit en glissant.

# NAISSANCE

Pon naquit d'un œuf, puis il naquit d'une morue et en naissant la fit éclater, puis il naquit d'un soulier ; par bipartition, le soulier plus petit à gauche, et lui à droite, puis il naquit d'une feuille de rhubarbe, en même temps qu'un renard ; le renard et lui se regardèrent un instant puis filèrent chacun de leur côté. Ensuite il naquit d'un cafard, d'un œil de langouste, d'une carafe ; d'une otarie et il lui sortit par les moustaches, d'un têtard et il lui sortit du derrière, d'une jument et il lui sortit par les naseaux, puis il versait des larmes en cherchant les mamelles, car il ne venait au monde que pour téter. Puis il naquit d'un trombone et le trombone le nourrit pendant treize mois, puis il fut sevré et confié au sable qui s'étendait partout, car c'était le désert. Et seul le fils du trombone peut se nourrir dans le désert, seul avec le chameau. Puis il naquit d'une femme et il fut grandement étonné, et réfléchissant sur son

sein, il suçotait, il crachotait, il ne savait plus
quoi ; il remarqua ensuite que c'était une fem-
me, quoique personne ne lui eût jamais fait la
moindre allusion à ce sujet ; il commençait à
lever la tête, tout seul, à la regarder d'un petit
œil perspicace, mais la perspicacité n'était
qu'une lueur, l'étonnement était bien plus
grand et, vu son âge, son grand plaisir était
quand même de faire glou glou glou, et de se
rencoigner sur le sein, vitre exquise, et de su-
çoter.

Il naquit d'un zèbre, il naquit d'une truie, il
naquit d'une guenon empaillée, une jambe ac-
crochée à un faux cocotier et l'autre pendante, il
en sortit plein d'une odeur d'étoupe et se mit à
brailler et à siffler dans le bureau du naturaliste
qui s'élança sur lui avec le dessein évident de
l'empailler, mais il lui fit faux bond et naquit
dans un parfait silence d'un fœtus qui se trou-
vait au fond d'un bocal, il lui sortit de la tête,
une énorme tête spongieuse plus douce qu'un
utérus où il mijota son affaire pendant plus de
trois semaines, puis il naquit lestement d'une
souris vivante, car il fallait se presser, le natu-
raliste ayant eu vent de quelque chose ; puis il
naquit d'un obus qui éclata en l'air ; puis se
sentant toujours observé, il trouva le moyen de
naître d'une frégate et passa l'océan sous ses
plumes, puis dans la première île venue naquit
dans le premier être venu et c'était une tortue,

mais comme il grandissait il s'aperçut que
c'était le moyeu d'un ancien fiacre transporté là
par des colons portugais. Alors il naquit d'une
vache, c'est plus doux, puis d'un lézard géant de
la Nouvelle-Guinée, gros comme un âne, puis il
naquit pour la seconde fois d'une femme, et fai-
sant cela il songeait à l'avenir, car c'est encore
les femmes qu'il connaissait le mieux, et avec
lesquelles plus tard il serait le plus à l'aise, et
déjà maintenant regardait cette poitrine si
douce et pleine, en faisant les petites compa-
raisons que lui permettait son expérience déjà
longue.

## CHANT DE MORT

La fortune aux larges ailes, la fortune par erreur m'ayant emporté avec les autres vers son pays joyeux, tout à coup, mais tout à coup, comme je respirais enfin heureux, d'infinis petits pétards dans l'atmosphère me dynamitèrent et puis des couteaux jaillissant de partout me lardèrent de coups, si bien que je retombai sur le sol dur de ma patrie, à tout jamais la mienne maintenant.

La fortune aux ailes de paille, la fortune m'ayant élevé pour un instant au-dessus des angoisses et des gémissements, un groupe formé de mille, caché à la faveur de ma distraction dans la poussière d'une haute montagne, un groupe fait à la lutte à mort depuis toujours, tout à coup nous étant tombé dessus comme un bolide, je retombai sur le sol dur de mon passé, passé à tout jamais présent maintenant.

La fortune encore une fois, la fortune aux draps frais m'ayant recueilli avec douceur, com-

me je souriais à tous autour de moi, distribuant
tout ce que je possédais, tout à coup, pris par on
ne sait quoi venu par en dessous et par derrière,
tout à coup, comme une poulie qui se décroche,
je basculai, ce fut un saut immense, et je retom-
bai sur le sol dur de mon destin, destin à tout
jamais le mien maintenant.

La fortune encore une fois, la fortune à la
langue d'huile, ayant lavé mes blessures, la for-
tune comme un cheveu qu'on prend et qu'on
tresserait avec les siens, m'ayant pris et m'ayant
uni indissolublement à elle, tout à coup comme
déjà je trempais dans la joie, tout à coup la Mort
vint et dit : « Il est temps. Viens. » La Mort, à
tout jamais la Mort maintenant.

# DESTINÉE

Déjà nous étions sur le bateau, déjà je partais, j'étais au large, quand, m'arrivant tout d'un coup, comme l'échéance d'une dette, le malheur à la mémoire fidèle se présenta et dit : « C'est moi, tu m'entends, allons, rentre ! » Et il m'enleva, ce ne fut pas long, et me ramena comme on rentre sa langue.

Déjà sur le bateau, déjà l'océan aux voix confuses s'écarte avec souplesse, déjà l'océan dans sa grande modestie s'écarte avec bonté, refoulant sur lui-même ses longues lèvres bleues, déjà le mirage des terres lointaines, déjà... mais tout à coup...

Quand le malheur prenant son panier et sa boîte à pinces, se rend dans les quartiers nouvellement éclairés, va voir s'il n'y a pas par là un des siens qui aurait essayé d'égarer sa destinée...

Quand le malheur avec ses doigts habiles de coiffeur empoigne ses ciseaux, d'une main, de

l'autre le système nerveux d'un homme, frêle
échelle hésitante dans des chairs dodues, tirant
des éclairs et des spasmes et le désespoir de cet
animal de lin, épouvanté...

Oh, monde exécrable, ce n'est pas facilement
qu'on tire du bien de toi.

Celui qui a une épingle dans l'œil, l'avenir de
la marine à vapeur anglaise ne l'intéresse plus.
Dormir, s'il pouvait seulement dormir. Mais la
paupière recouvrant son mal comme une
brosse...

Sur un œil, pour peu qu'on le sorte convena-
blement, on peut aussi faire tourner magnifi-
quement des assiettes.

C'est merveille de voir ça, on ne se lasserait
pas de regarder. Mais celui qui en souffre, de cet
œil, prend à ce jeu une part qu'il revendrait
volontiers, oh ! il ne se ferait pas prier... Oh
non, ou du moins pas longtemps.

# MOUVEMENTS
## DE L'ÊTRE INTÉRIEUR

La poudrière de l'être intérieur ne saute pas toujours. On la croirait de sable. Puis, tout à coup, ce sable est à l'autre bout du monde et par des écluses bizarres descend la cataracte de bombes.

En vérité, celui qui ne connaît pas la colère ne sait rien. Il ne connaît pas l'immédiat.

Puis la colère rencontre la patience lovée sur elle-même. Sitôt touchée, celle-ci se dresse et se confond avec celle-là, et fonce comme un obus et tout ce qu'elle rencontre elle le renie et le transperce.

Puis roulant ensemble elles rencontrent la confiance à la grosse tête et les autres vertus, et la débâcle s'étend sur toutes les zones.

La vitesse remplace le poids et fait fi du poids.

Comme un cil pointant au bord d'une paupière y est mieux à sa place qu'au bout d'un nez, la vélocité est à sa place dans l'être intérieur. Elle y est plus naturelle que dans la patte d'une tortue atteinte de paralysie.

Quand la concupiscence halant ses bateaux de fièvre dans la campagne immense de l'être intérieur... Quoi ! Qu'est-ce donc que cette brume qui monte ?

L'être intérieur combat continuellement des larves gesticulantes. Il se trouve tout à coup vidé d'elles comme d'un cri, comme de détritus emportés par un ouragan soudain.

Mais l'envahissement reprend bientôt par le bas et le calme d'un instant est soulevé et troué comme le couvercle des champs par les grains de blé avides de croître.

Il faut voir l'être intérieur attaquant la concupiscence. Quel boulanger plongea jamais d'aussi énormes mains dans son pétrin ? Quel boulanger vit-on pareillement accablé par la montagne mouvante, montante, croulante, de la pâte ? Une pâte qui cherche le plafond et le crèvera.

L'être intérieur collabore avec la concupiscence dans la joie ou avec réserve. Mais toujours il est traqué par cet envahisseur gonflant.

L'être intérieur a tous les mouvements, il se lance à une vitesse de flèche, il rentre ensuite comme une taupe, il a d'infinies hibernations de marmotte. Quel être mouvementé ! Et la mer est trop mesquine, trop lente pour pouvoir lui être comparée, la mer à la gueule ravagée.

Enfin, s'attaquant à l'homme vaincu d'avance, la Peur,

Quand la Peur, au ruissellement mercuriel, envahit la pauvre personnalité d'un homme qui devient aussitôt comme un vieux sac,

Ecartant tout quand elle entre, en Souveraine, s'assied et se débraille sur les sièges culbutés de toutes les vertus,

Décongestif unique du bonheur, quand la Peur,

Quand la Peur, langouste atroce, agrippe la moelle épinière avec ses gants de métal...

Oh, vie continuellement infecte !

Le désespoir et la fatigue s'unissent. Et le soleil se dirige d'un autre côté.

# UN CERTAIN PLUME
(1930)

*augmenté de quatre chapitres inédits*
(1936)

# I

## UN HOMME PAISIBLE

Etendant les mains hors du lit, Plume fut étonné de ne pas rencontrer le mur. « Tiens, pensa-t-il, les fourmis l'auront mangé... » et il se rendormit.

Peu après, sa femme l'attrapa et le secoua : « Regarde, dit-elle, fainéant ! Pendant que tu étais occupé à dormir, on nous a volé notre maison. » En effet, un ciel intact s'étendait de tous côtés. « Bah, la chose est faite », pensa-t-il.

Peu après, un bruit se fit entendre. C'était un train qui arrivait sur eux à toute allure. « De l'air pressé qu'il a, pensa-t-il, il arrivera sûrement avant nous » et il se rendormit.

Ensuite, le froid le réveilla. Il était tout trempé de sang. Quelques morceaux de sa femme gisaient près de lui. « Avec le sang, pensa-t-il, surgissent toujours quantité de désagréments ; si ce train pouvait n'être pas passé, j'en serais fort heureux. Mais puisqu'il est déjà passé... » et il se rendormit.

— Voyons, disait le juge, comment expliquez-vous que votre femme se soit blessée au point qu'on l'ait trouvée partagée en huit morceaux, sans que vous, qui étiez à côté, ayez pu faire un geste pour l'en empêcher, sans même vous en être aperçu. Voilà le mystère. Toute l'affaire est là-dedans.

— Sur ce chemin, je ne peux pas l'aider, pensa Plume, et il se rendormit.

— L'exécution aura lieu demain. Accusé, avez-vous quelque chose à ajouter ?

— Excusez-moi, dit-il, je n'ai pas suivi l'affaire. Et il se rendormit.

## II

## PLUME AU RESTAURANT

Plume déjeunait au restaurant, quand le maître d'hôtel s'approcha, le regarda sévèrement et lui dit d'une voix basse et mystérieuse : « Ce que vous avez là dans votre assiette ne figure *pas* sur la carte. »

Plume s'excusa aussitôt.

— Voilà, dit-il, étant pressé, je n'ai pas pris la peine de consulter la carte. J'ai demandé à tout hasard une côtelette, pensant que peut-être il y en avait, ou que sinon on en trouverait aisément dans le voisinage, mais prêt à demander tout autre chose si les côtelettes faisaient défaut. Le garçon, sans se montrer particulièrement étonné, s'éloigna et me l'apporta peu après et voilà...

Naturellement, je la paierai le prix qu'il faudra. C'est un beau morceau, je ne le nie pas. Je le paierai son prix sans hésiter. Si j'avais su, j'aurais volontiers choisi une autre viande ou simplement un œuf, de toute façon maintenant je n'ai plus très faim. Je vais vous régler immédiatement.

Cependant, le maître d'hôtel ne bouge pas. Plume se trouve atrocement gêné. Après quelque temps relevant les yeux... hum ! c'est maintenant le chef de l'établissement qui se trouve devant lui.

Plume s'excusa aussitôt.

— J'ignorais, dit-il, que les côtelettes ne figuraient pas sur la carte. Je ne l'ai pas regardée, parce que j'ai la vue fort basse, et que je n'avais pas mon pince-nez sur moi, et puis, lire me fait toujours un mal atroce. J'ai demandé la première chose qui m'est venue à l'esprit, et plutôt pour amorcer d'autres propositions que par goût personnel. Le garçon sans doute préoccupé n'a pas cherché plus loin, il m'a apporté ça, et moi-même d'ailleurs tout à fait distrait je me suis mis à manger, enfin... je vais vous payer à vous-même puisque vous êtes là.

Cependant, le chef de l'établissement ne bouge pas. Plume se sent de plus en plus gêné. Comme il lui tend un billet, il voit tout à coup la manche d'un uniforme ; c'était un agent de police qui était devant lui.

Plume s'excusa aussitôt.

— Voilà, il était entré là pour se reposer un peu. Tout à coup, on lui crie à brûle-pourpoint : « Et pour Monsieur ? Ce sera... ? » — « Oh... un bock », dit-il. « Et après ?... » cria le garçon fâché ; alors plutôt pour s'en débarrasser que pour autre chose : « Eh bien, une côtelette ! ».

Il n'y songeait déjà plus, quand on la lui apporta dans une assiette ; alors, ma foi, comme c'était là devant lui...

— Ecoutez, si vous vouliez essayer d'arranger cette affaire, vous seriez bien gentil. Voici pour vous.

Et il lui tend un billet de cent francs. Ayant entendu des pas s'éloigner, il se croyait déjà libre. Mais c'est maintenant le commissaire de police qui se trouve devant lui.

Plume s'excusa aussitôt.

— Il avait pris un rendez-vous avec un ami. Il l'avait vainement cherché toute la matinée. Alors comme il savait que son ami en revenant du bureau passait par cette rue, il était entré ici, avait pris une table près de la fenêtre et comme d'autre part l'attente pouvait être longue et qu'il ne voulait pas avoir l'air de reculer devant la dépense, il avait commandé une côtelette ; pour avoir quelque chose devant lui. Pas un instant il ne songeait à consommer. Mais l'ayant devant lui, machinalement, sans se rendre compte le moins du monde de ce qu'il faisait, il s'était mis à manger.

Il faut savoir que pour rien au monde il n'irait au restaurant. Il ne déjeune que chez lui. C'est un principe. Il s'agit ici d'une pure distraction, comme il peut en arriver à tout homme

énervé, une inconscience passagère ; rien
d'autre.

Mais le commissaire, ayant appelé au télépho-
ne le chef de la sûreté : « Allons, dit-il à Plume
en lui tendant l'appareil. Expliquez-vous une
bonne fois. C'est votre seule chance de salut. »
Et un agent le poussant brutalement lui dit : « Il
s'agira maintenant de marcher droit, hein ? »
Et comme les pompiers faisaient leur entrée
dans le restaurant, le chef de l'établissement lui
dit : « Voyez quelle perte pour mon établisse-
ment. Une vraie catastrophe ! » Et il montrait la
salle que tous les consommateurs avaient quit-
tée en hâte.

Ceux de la Secrète lui disaient : « Ça va chauf-
fer, nous vous prévenons. Il vaudra mieux
confesser toute la vérité. Ce n'est pas notre pre-
mière affaire, croyez-le. Quand ça commence à
prendre cette tournure, c'est que c'est grave. »

Cependant, un grand rustre d'agent par-des-
sus son épaule lui disait : « Ecoutez, je n'y peux
rien. C'est l'ordre. Si vous ne parlez pas dans
l'appareil, je cogne. C'est entendu ? Avouez !
Vous êtes prévenu. Si je ne vous entends pas, je
cogne. »

# III

## PLUME VOYAGE

Plume ne peut pas dire qu'on ait excessive-
ment d'égards pour lui en voyage. Les uns lui
passent dessus sans crier gare, les autres s'es-
suient tranquillement les mains à son veston. Il
a fini par s'habituer. Il aime mieux voyager avec
modestie. Tant que ce sera possible, il le fera.

Si on lui sert, hargneux, une racine dans son
assiette, une grosse racine : « Allons, mangez.
Qu'est-ce que vous attendez ? »

« Oh, bien, tout de suite, voilà. » Il ne veut pas
s'attirer des histoires inutilement.

Et si, la nuit, on lui refuse un lit : « Quoi !
Vous n'êtes pas venu de si loin pour dormir,
non ? Allons, prenez votre malle et vos affaires,
c'est le moment de la journée où l'on marche le
plus facilement. »

« Bien, bien, oui... certainement. C'était pour
rire, naturellement. Oh oui, par... plaisanterie. »
Et il repart dans la nuit obscure.

Et si on le jette hors du train : « Ah ! alors

vous pensez qu'on a chauffé depuis trois heures
cette locomotive et attelé huit voitures pour
transporter un jeune homme de votre âge, en
parfaite santé, qui peut parfaitement être utile
ici, qui n'a nul besoin de s'en aller là-bas, et que
c'est pour ça qu'on aurait creusé des tunnels,
fait sauter des tonnes de rochers à la dynamite
et posé des centaines de kilomètres de rails par
tous les temps, sans compter qu'il faut encore
surveiller la ligne continuellement par crainte
des sabotages, et tout cela pour... »

« Bien, bien. Je comprends parfaitement.
J'étais monté, oh, pour jeter un coup d'œil !
Maintenant, c'est tout. Simple curiosité, n'est-ce
pas. Et merci mille fois. » Et il s'en retourne sur
les chemins avec ses bagages.

Et si, à Rome, il demande à voir le Colisée ·
« Ah ! Non. Ecoutez, il est déjà assez mal arran-
gé. Et puis après Monsieur voudra le toucher,
s'appuyer dessus, ou s'y asseoir... c'est comme ça
qu'il ne reste que des ruines partout. Ce fut une
leçon pour nous, une dure leçon, mais à l'ave-
nir, non, c'est fini, n'est-ce pas. »

« Bien ! Bien ! C'était... Je voulais seulement
vous demander une carte postale, une photo,
peut-être... si des fois... » Et il quitte la ville sans
avoir rien vu.

Et si sur le paquebot, tout à coup le Commis-
saire du bord le désigne du doigt et dit :
« Qu'est-ce qu'il fait ici, celui-là ? Allons, on

manque bien de discipline là, en bas, il me semble. Qu'on aille vite me le redescendre dans la soute. Le deuxième quart vient de sonner. » Et il repart en sifflotant, et Plume, lui, s'éreinte pendant toute la traversée.

Mais il ne dit rien, il ne se plaint pas. Il songe aux malheureux qui ne peuvent pas voyager du tout, tandis que lui, il voyage, il voyage continuellement.

# IV

## DANS LES APPARTEMENTS
## DE LA REINE

Comme Plume arrivait au palais, avec ses lettres de créance, la Reine lui dit :

— Voilà. Le Roi en ce moment est fort occupé. Vous le verrez plus tard. Nous irons le chercher ensemble si vous voulez bien, vers cinq heures. Sa Majesté aime beaucoup les Danois, Sa Majesté vous recevra bien volontiers, vous pourriez peut-être un peu vous promener avec moi en attendant.

Comme le palais est très grand, j'ai toujours peur de m'y perdre et de me trouver tout à coup devant les cuisines, alors, vous comprenez, pour une Reine, ce serait tellement ridicule. Nous allons aller par ici. Je connais bien le chemin. Voici ma chambre à coucher.

Et ils entrent dans la chambre à coucher.

— Comme nous avons deux bonnes heures devant nous, vous pourriez peut-être me faire un peu la lecture, mais ici je n'ai pas grand-chose d'intéressant. Peut-être jouez-vous aux cartes. Mais je vous avouerai que moi je perds tout de suite.

De toute façon ne restez pas debout, c'est fatigant ; assis on s'ennuie bientôt, alors on pourrait peut-être s'étendre sur ce divan.

Mais elle se relève bientôt.

— Dans cette chambre il règne toujours une chaleur insupportable. Si vous vouliez m'aider à me déshabiller, vous me feriez plaisir. Après on pourra parler comme il faut. Je voudrais tant avoir quelques renseignements sur le Danemark. Cette robe, du reste, s'enlève si facilement, je me demande comment je reste habillée toute la journée. Cette robe s'enlève sans qu'on s'en rende compte. Voyez, je lève les bras, et maintenant un enfant la tirerait à lui. Naturellement, je ne le laisserais pas faire. Je les aime beaucoup, mais on jase tellement dans un palais, et puis les enfants ça égare tout.

Et Plume la déshabille.

— Mais vous, écoutez, ne restez pas comme ça. Se tenir tout habillé dans une chambre, ça fait très guindé, et puis je ne peux vous voir ainsi, il me semble que vous allez sortir et me laisser seule dans ce palais qui est tellement vaste.

Et Plume se déshabille. Ensuite, il se couche en chemise.

— Il n'est encore que trois heures et quart, dit-elle. En savez-vous vraiment autant sur le

Danemark que vous puissiez m'en parler pen-
dant une heure trois quarts ? Je ne serai pas si
exigeante. Je comprends que cela serait très dif-
ficile. Je vous accorde encore quelque temps
pour la réflexion. Et, tenez, en attendant, comme
vous êtes ici, je vais vous montrer quelque chose
qui m'intrigue beaucoup. Je serais curieuse de
savoir ce qu'un Danois en pensera.

J'ai ici, voyez, sous le sein droit, trois petits
signes. Non pas trois, deux petits et un grand.
Voyez le grand, il a presque l'air de... Cela est
bizarre en vérité, n'est-ce pas, et voyez le sein
gauche, rien ! tout blanc !

Ecoutez, dites-moi quelque chose, mais exami-
nez bien, d'abord, bien à votre aise...

Et voilà Plume qui examine. Il touche, il tâte
avec des doigts peu sûrs, et la recherche des réa-
lités le fait trembler, et ils font et refont leur
trajet incurvé.

Et Plume réfléchit.

— Vous vous demandez, je vois, dit la Reine,
après quelques instants (je vois maintenant que
vous vous y connaissez). Vous voudriez savoir si
je n'en ai pas un autre. Non, dit-elle, et elle
devient toute confuse, toute rouge.

Et maintenant parlez-moi du Danemark, mais
tenez-vous tout contre moi, pour que je vous
écoute plus attentivement.

Plume s'avance ; il se couche près d'elle et il
ne pourra plus rien dissimuler maintenant.

Et, en effet :

— Ecoutez, dit-elle, je vous croyais plus de respect pour la Reine, mais enfin puisque vous en êtes là, je ne voudrais pas que *cela* nous empêchât dans la suite de nous entretenir du Danemark.

Et la Reine l'attire à elle.

— Et caressez-moi surtout les jambes, disait-elle, sinon je risque tout de suite d'être distraite, et je ne sais plus pourquoi je me suis couchée...

*C'est alors que le Roi entra !*

. . . . . . . . . . . . . . . . . . . . . . . . . . . . . . . . . . .

Aventures terribles, quels que soient vos trames et vos débuts, aventures douloureuses et guidées par un ennemi implacable.

# V

## LA NUIT DES BULGARES

— Voilà, on était sur le chemin du retour. On s'est trompé de train. Alors, comme on était là avec un tas de Bulgares, qui murmuraient entre eux on ne sait pas quoi, qui remuaient tout le temps, on a préféré en finir d'un coup. On a sorti nos revolvers et on a tiré. On a tiré précipitamment, parce qu'on ne se fiait pas à eux. Il était préférable de les mettre avant tout hors de combat. Eux, dans l'ensemble, parurent étonnés, mais les Bulgares, il ne faut pas s'y fier.

— A la station prochaine montent quantité de voyageurs, dit le chef du convoi. Arrangez-vous avec ceux d'à côté (et il désigne les morts) pour n'occuper qu'un compartiment. Il n'y a plus aucun motif maintenant pour que *vous* et *eux* occupiez des compartiments distincts.

Et il les regarde d'un air sévère.

— Oui, oui, on s'arrangera ! Comment donc ! Bien sûr ! Tout de suite !

Et vivement ils se placent auprès des morts et les soutiennent.

Ce n'est pas tellement facile. Sept morts et trois vivants. On se cale entre des corps froids et les têtes de ces « dormeurs » penchent tout le temps. Elles tombent dans le cou des trois jeumes hommes. Comme des urnes qu'on porte sur l'épaule, ces têtes froides. Comme des urnes grenues, contre les joues, ces barbes dures, qui se mettent à croître tout à coup à une vitesse redoublée.

La nuit à passer. Puis on tâchera de déguerpir au petit matin. Peut-être le chef du convoi aura-t-il oublié. Ce qu'il faut, c'est rester bien tranquille. Tâcher de ne pas réveiller son attention. Rester serrés comme il a dit. Montrer de la bonne volonté. Le matin, on s'en ira en douce. Avant d'arriver à la frontière, le train ralentit ordinairement. La fuite sera plus facile, on passera un peu plus loin par la forêt avec un guide.

Et ils s'exhortent ainsi à la patience.

Dans le train, les morts sont bien plus secoués que les vivants. La vitesse les inquiète. Ils ne peuvent rester tranquilles un instant, ils se penchent de plus en plus, ils viennent vous parler à l'estomac, ils n'en peuvent plus.

Il faut les mener durement et ne pas les lâcher un instant ; il faut les aplatir contre les dossiers, l'un à sa gauche, l'autre à sa droite, s'écraser dessus mais c'est leur tête alors qui cogne.

Il faut les tenir fermement, ça c'est le plus important.

— Un de ces Messieurs ne pourrait-il pas faire place à cette vieille dame que voici ?

Impossible de refuser. Plume prend sur ses genoux un mort (il en a encore un autre à sa droite) et la dame vient s'asseoir à sa gauche. Maintenant, la vieille dame s'est endormie et sa tête penche. Et sa tête et celle du mort se sont rencontrées. Mais seule la tête de la dame se réveille, et elle dit que l'autre est bien froide et elle a peur.

Mais ils disent vivement qu'il règne un grand froid.

Elle n'a qu'à toucher. Et des mains se tendent vers elle, des mains toutes froides. Peut-être ferait-elle mieux d'aller dans un compartiment plus chaud. Elle se lève. Elle revient ensuite avec le contrôleur. Le contrôleur veut vérifier si le chauffage fonctionne normalement. La dame lui dit : « Touchez donc ces mains. » Mais tous crient : « Non, non, c'est l'immobilité, ce sont des doigts endormis par l'immobilité, ce n'est rien. Nous avons tous assez chaud, ici. On transpire, tâtez ce front. A un endroit du corps, il y a transpiration, sur l'autre règne le froid, c'est l'immobilité qui veut ça, ce n'est rien d'autre que l'immobilité. »

— Ceux qui ont froid, dit Plume, qu'ils s'abritent la tête dans un journal. Ça tient chaud.

Les autres comprennent. Bientôt tous les morts sont encapuchonnés dans des journaux, encapuchonnés dans du blanc, encapuchonnés bruissants. C'est plus commode, on les reconnaît tout de suite malgré l'obscurité. Et puis la dame ne risquera plus de toucher une tête froide.

Cependant monte une jeune fille. On a installé ses bagages dans le couloir. Elle ne cherche pas à s'asseoir, une jeune fille très réservée, la modestie et la fatigue pèsent sur ses paupières. Elle ne demande rien. Mais il faudra lui faire place. Ils le veulent absolument, alors ils songent à écouler leurs morts, les écouler petit à petit. Mais tout bien considéré, il vaudrait mieux essayer de les sortir immédiatement l'un après l'autre, car à la vieille dame on pourra peut-être cacher la chose, mais s'il y avait deux ou trois personnes étrangères cela deviendrait plutôt difficile.

Ils baissent la grande vitre avec précaution et l'opération commence. On les sort jusqu'à la ceinture, une fois là on les fait basculer. Mais il faut bien plier les genoux pour qu'ils n'accrochent pas — car pendant qu'ils restent suspendus, leur tête donne des coups sourds sur la portière, tout à fait comme si elle voulait rentrer.

Allons ! Du courage ! Bientôt on pourra respirer à nouveau convenablement. Encore un mort, et ce sera fini. Mais le froid de l'air qui est entré a réveillé la vieille dame.

Et entendant remuer, le contrôleur vient
encore vérifier par acquit de conscience et affec-
tation de galanterie, s'il n'y aurait pas à l'inté-
rieur,   quoiqu'il   sache   pertinemment   le
contraire, une place pour la jeune fille qui est
dans le couloir.

— Mais certainement ! Mais certainement !
s'écrient-ils tous.

— C'est bien extraordinaire, fait le contrô-
leur..., j'aurais juré...

— C'est bien extraordinaire, dit aussi le re-
gard de la vieille dame, mais le sommeil remet
les questions à plus tard.

Pourvu que dorme maintenant la jeune fille !
Un mort, il est vrai, ça s'expliquerait déjà plus
aisément que cinq morts. Mais il vaut mieux évi-
ter toutes les questions. Car, quand on est ques-
tionné, on s'embrouille facilement. La contra-
diction et les méfaits apparaissent de tous côtés.
Il est toujours préférable de ne pas voyager avec
un mort. Surtout quand il a été victime d'une
balle de revolver, car le sang qui a coulé lui don-
ne mauvaise mine.

Mais puisque la jeune fille dans sa grande pru-
dence ne veut pas s'endormir avant eux, et
qu'après tout la nuit est encore longue, et
qu'avant 4 h 1/2, il n'y a pas de station, ils ne
s'inquiètent pas outre mesure, et cédant à la fati-
gue, ils s'endorment.

Et brusquement Plume s'aperçoit qu'il est

quatre heures et quart, il réveille Pon... et ils
sont d'accord pour s'affoler. Et sans s'occuper
d'autre chose que du prochain arrêt et du jour
implacable qui va tout révéler, ils jettent vive-
ment le mort par la portière. Mais comme déjà
ils s'épongent le front, ils sentent le mort à leurs
pieds. Ce n'était donc pas lui qu'ils ont jeté.
Comment est-ce possible ? Il avait pourtant la
tête dans un journal. Enfin, à plus tard les inter-
rogations ! Ils empoignent le mort et le jettent
dans la nuit. Ouf !

Que la vie est bonne aux vivants. Que ce com-
partiment est gai ! Ils réveillent leur compagnon.
Tiens, c'est D... Ils réveillent les deux femmes.

— Réveillez-vous, nous approchons. Nous y
serons bientôt. Tout s'est bien passé ? Un train
excellent, n'est-ce pas ? Avez-vous bien dormi au
moins ?

Et ils aident la dame à descendre, et la jeune
fille. La jeune fille qui les regarde sans rien dire.
Eux restent. Ils ne savent plus que faire. C'est
comme s'ils avaient tout terminé.

Le chef du convoi apparaît et dit :

— Allons, faites vite. Descendez avec vos té-
moins !

— Mais nous n'avons pas de témoins, disent-
ils.

— Eh bien, dit le chef du convoi, puisque vous
voulez un témoin, comptez sur moi. Attendez un
instant de l'autre côté de la gare, en face des gui-

chets. Je reviens tout de suite, n'est-ce pas. Voici un laissez-passer. Je reviens dans un instant. Attendez-moi.

Ils arrivent, et une fois là, ils s'enfuient, ils s'enfuient.

Oh ! vivre maintenant, oh ! vivre enfin !

# VI

## LA VISION DE PLUME

Un fromage lent, jaune, à pas de chevaux de catafalque, un fromage lent, jaune, à pas de chevaux de catafalque, circulait en lui-même comme un pied du monde. C'était plutôt une énorme mamelle, une vieille meule de chair et, accroupie se tenait sur une région immense qui devait être terriblement moite.

Sur la gauche descendait la cavalerie. Il fallait voir les chevaux freiner sur leurs sabots de derrière. Ces cavaliers si fiers ne remonteraient donc jamais ? Non, jamais.

Et le chef faisait force gestes de protestations, mais sa voix était devenue si petite qu'on se demandait qui aurait accepté de tenir compte de ce qu'il disait, comme si un grain de riz s'était mis à parler.

Enfin, ils parurent s'embourber et on ne les revit plus. Puis, tout à coup, comme un déclic, comme un débrayage se fit dans l'énorme chose molle et des débris rejetés de tous côtés se forma

après un certain temps un ruban si long, si long
et cependant si ferme que toute la cavalerie y
aurait pu passer à grande allure. Mais ses élé-
ments avaient disparu. Seule la silhouette du
chef se distinguait. On aurait même été tenté de
lui voir encore son attitude de protestation, si sa
tête orgueilleuse ne s'était affaissée. Alors,
comme si elle seule jusqu'à ce moment l'avait
tenu debout, il tomba de tout son long. Ce fut un
cylindre si léger qui roula sur le ruban, qui des-
cendait avec un bruit clair, et qui semblait par-
faitement creux et gai.

Quant à Plume, assis au pied de son lit, il
regardait ce spectacle en réfléchissant silencieu-
sement...

## VII

## PLUME AVAIT MAL AU DOIGT

Plume avait un peu mal au doigt.

— Il vaudrait peut-être mieux consulter un médecin, lui dit sa femme. Il suffit souvent d'une pommade...

Et Plume y alla.

— Un doigt à couper, dit le chirurgien, c'est parfait. Avec l'anesthésie, vous en avez pour six minutes tout au plus. Comme vous êtes riche, vous n'avez pas besoin de tant de doigts. Je serai ravi de vous faire cette petite opération. Je vous montrerai ensuite quelques modèles de doigts artificiels. Il y en a d'extrêmement gracieux. Un peu chers sans doute. Mais il n'est pas question naturellement de regarder à la dépense. Nous vous ferons ce qu'il y a de mieux.

Plume regarda mélancoliquement son doigt et s'excusa.

— Docteur, c'est l'index, vous savez, un doigt bien utile. Justement, je devais écrire encore à ma mère. Je me sers toujours de l'index pour

écrire. Ma mère serait inquiète si je tardais
davantage à lui écrire, je reviendrai dans quel-
ques jours. C'est une femme très sensible, elle
s'émeut si facilement.

— Qu'à cela ne tienne, lui dit le chirurgien,
voici du papier, du papier blanc, sans en-tête
naturellement. Quelques mots bien sentis de vo-
tre part lui rendront la joie.

Je vais téléphoner pendant ce temps à la clini-
que pour qu'on prépare tout, qu'il n'y ait plus
qu'à retirer les instruments tout aseptisés. Je
reviens dans un instant...

Et le voilà déjà revenu.

— Tout est pour le mieux, on nous attend.

— Excusez, docteur, fit Plume, vous voyez, ma
main tremble, c'est plus fort que moi... eh...

— Eh bien, lui dit le chirurgien, vous avez
raison, mieux vaut ne pas écrire. Les femmes
sont terriblement fines, les mères surtout. Elles
voient partout des réticences quand il s'agit de
leur fils, et d'un rien, font un monde. Pour elles,
nous ne sommes que de petits enfants. Voici
votre canne et votre chapeau. L'auto nous
attend.

Et ils arrivent dans la salle d'opération.

— Docteur, écoutez. Vraiment...

— Oh ! fit le chirurgien, ne vous inquiétez
pas, vous avez trop de scrupules. Nous écrirons
cette lettre ensemble. Je vais y réfléchir tout en
vous opérant.

Et approchant le masque, il endort Plume.

— Tu aurais quand même pu me demander mon avis, dit la femme de Plume à son mari.

Ne va pas t'imaginer qu'un doigt perdu se retrouve si facilement.

Un homme avec des moignons, je n'aime pas beaucoup ça. Dès que ta main sera un peu trop dégarnie, ne compte plus sur moi.

Les infirmes c'est méchant, ça devient promptement sadique. Mais moi je n'ai pas été élevée comme j'ai été élevée pour vivre avec un sadique. Tu t'es figuré sans doute que je t'aiderais bénévolement dans ces choses-là. Eh bien, tu t'es trompé, tu aurais mieux fait d'y réfléchir avant...

— Ecoute, dit Plume, ne te tracasse pas pour l'avenir. J'ai encore neuf doigts et puis ton caractère peut changer.

# VIII

## L'ARRACHAGE DES TÊTES

Ils tenaient seulement à le tirer par les che-
veux. Ils ne voulaient pas lui faire de mal. Ils lui
ont arraché la tête d'un coup. Sûrement elle
tenait mal. Ça ne vient pas comme ça. Sûrement
il lui manquait quelque chose.

Quand elle n'est plus sur les épaules, elle
embarrasse. Il faut la donner. Mais il faut la
laver, car elle tache la main de celui à qui on la
donne. Il fallait la laver. Car celui qui l'a reçue,
les mains déjà baignées de sang, commence à
avoir des soupçons et il commence à regarder
comme quelqu'un qui attend des renseigne-
ments.

— Bah ! On l'a trouvée en jardinant... On l'a
trouvée au milieu d'autres... On l'a choisie parce
qu'elle paraissait plus fraîche. S'il en préfère une
autre... on pourrait aller voir. Qu'il garde tou-
jours celle-là en attendant...

Et ils s'en vont suivis d'un regard qui ne dit
ni oui ni non, un regard fixe.

Si on allait voir du côté de l'étang. Dans un étang on trouve quantité de choses. Peut-être un noyé ferait-il l'affaire.

Dans un étang, on s'imagine qu'on trouvera ce qu'on voudra. On en revient vite et l'on en revient bredouille.

Où trouver des têtes toutes prêtes à offrir ? Où trouver ça sans trop d'histoires ?

— Moi, j'ai bien mon cousin germain. Mais, nous avons autant dire la même tête. Jamais on ne croira que je l'ai trouvée par hasard.

— Moi... il y a mon ami Pierre. Mais il est d'une force à ne pas se la laisser enlever comme ça.

— Bah, on verra. L'autre est venue si facilement.

C'est ainsi qu'ils s'en vont en proie à leur idée et ils arrivent chez Pierre. Ils laissent tomber un mouchoir. Pierre se baisse. Comme pour le relever, en riant, on le tire en arrière par les cheveux. La tête est venue, arrachée.

La femme de Pierre entre, furieuse... « Soulaud, voilà qu'il a encore renversé le vin. Il n'arrive même plus à le boire. Il faut encore qu'il le renverse à terre. Et ça ne sait même plus se relever... »

Et elle s'en va pour chercher de quoi nettoyer. Ils la retiennent donc par les cheveux. Le corps tombe en avant. La tête leur reste dans la main. Une tête furieuse qui se balance aux longs cheveux.

Un grand chien surgit, qui aboie forte-ment. On lui donne un coup de pied et la tête tombe.

Maintenant ils en ont trois. Trois, c'est un bon ·chiffre. Et puis il y a du choix. Ce ne sont vraiment pas des têtes pareilles. Non, un homme, une femme, un chien.

Et ils repartent vers celui qui a déjà une tête, et ils le retrouvent qui attend.

Ils lui mettent sur les genoux le bouquet de têtes. Lui, met à gauche la tête de l'homme, près de la première tête, et la tête de chien et la tête de femme et ses longs cheveux de l'autre côté. Puis il attend.

Et il les regarde d'un regard fixe, d'un regard qui ne dit ni oui ni non.

— Oh ! celles-là, on les a trouvées chez un ami. Elles étaient là dans la maison... N'importe qui aurait pu les emporter. Il n'y en avait pas d'autres. On a pris celles qu'il y avait. Une autre fois on sera plus heureux. Après tout ça a été de la chance. Ce ne sont pas les têtes qui manquent heureusement. Tout de même, il est déjà tard. Les trouver dans l'obscurité. Le temps de les net-toyer, surtout celles qui seraient dans la boue. Enfin, on essaiera... Mais, à nous deux, on ne peut quand même pas en rapporter des tombe-reaux. C'est entendu... On y va... Peut-être qu'il en est tombé quelques-unes depuis tout à l'heure. On verra...

Et ils s'en vont, suivis d'un regard qui ne dit
ni oui ni non, suivis d'un regard fixe.

— Oh moi, tu sais. Non ! Tiens ! Prends ma
tête. Retourne avec, il ne la reconnaîtra pas. Il ne
les regarde même pas. Tu lui diras... : « Tenez,
en sortant, j'ai buté là-dessus. C'est une tête, il
me semble. Je vous l'apporte. Et ce sera suffisant
pour aujourd'hui, n'est-ce pas ?... »

— Mais, mon vieux, je n'ai que toi.

— Allons, allons, pas de sensibilité. Prends-la.
Allons, tire, tire fort, mais plus fort, voyons.

— Non. Tu vois, ça ne va pas. C'est notre châ-
timent. Allez, essaie la mienne, tire, tire.

Mais les têtes ne partent pas. De bonnes têtes
d'assassins.

Ils ne savent plus que faire, ils reviennent, ils
retournent, ils reviennent, ils repartent, ils re-
partent, suivis du regard qui attend, un regard
fixe.

Enfin ils se perdent dans la nuit, et ça leur est
d'un grand soulagement ; pour eux, pour leur
conscience. Demain, ils repartiront au hasard,
dans une direction qu'ils suivront tant qu'ils
pourront. Ils essaieront de se faire une vie. C'est
bien difficile. On essaiera. On essaiera de ne plus
songer à rien de tout ça, à vivre comme avant,
comme tout le monde...

# IX

## UNE MÈRE DE NEUF ENFANTS !

Plume venait à peine d'arriver à Berlin, il allait entrer au Terminus, quand une femme l'aborda, et lui proposa de passer la nuit avec elle.

— Ne partez pas, je vous en supplie. Je suis mère de neuf enfants.

Et appelant ses amies à la rescousse, elle ameuta le quartier, on l'entoura, il y eut un rassemblement et un agent s'approcha. Après avoir écouté : « Ne soyez pas si dur, dit-il à Plume, une mère de neuf enfants ! » Alors, en le bousculant elles l'entraînèrent dans un hôtel infect, que les punaises mangeaient depuis des années. Quand il y en a pour une, il y en a pour deux. Elles étaient cinq. Elles le dépouillèrent aussitôt de tout ce qu'il avait dans ses poches et se le partagèrent.

— Tiens, se disait Plume, ceci s'appelle être volé, c'est la première fois que cela m'arrive. Voilà ce que c'est que d'écouter les agents de police.

Ayant repris son veston, il s'apprêtait à sortir. Mais elles s'indignèrent violemment : « Comment ! On n'est pas des voleuses ! On s'est payées d'abord par précaution, mais tu en auras pour ton argent, mon petit. » Et elles se déshabillèrent. La mère de neuf enfants était pleine de boutons et pareillement deux autres.

Plume pensait : « Pas exactement mon genre, ces femmes-là. Mais comment le leur faire comprendre sans les froisser ? » Et il réfléchissait.

Alors, la mère de neuf enfants : « Eh bien, ce petit-là, mes amies, vous me croirez si vous voulez, mais je parie que c'est encore un de ces m'as-tu-vu qui a peur de la syphilis. Question de chance, la syphilis ! »

Et, de force, elles le prirent, l'une après l'autre.

Il essaya de se lever, mais la mère aux neuf enfants : « Non, ne sois pas si pressé, mon petit. Tant qu'il n'y a pas eu de sang, il n'y a pas eu de véritable satisfaction. »

Et elles recommencèrent.

Il était rompu de fatigue, quand elles se rhabillèrent.

— Allons, dirent-elles, dépêche-toi, il est minuit un quart, et la chambre n'est payée que jusqu'à minuit.

— Mais enfin, disait-il en songeant à ses 300 marks confisqués, vous pourriez peut-être avec l'argent que vous avez reçu, payer le supplément jusqu'au matin.

— Ah ça, il est extraordinaire, le petit. Alors, ça serait nous qui régalerions, quoi ! Dis-le donc !

Et, l'arrachant de son lit, elles le jetèrent sur l'escalier.

Tiens, pensa Plume, ça fera un fameux souvenir de voyage plus tard.

## PLUME À CASABLANCA

Une fois arrivé à Casablanca, Plume se rappela qu'il avait quantité de courses à faire. C'est pourquoi il laissa sa valise sur le car ; il reviendrait la prendre, ses affaires les plus urgentes terminées. Et il se rendit à l'Hôtel Atlantic.

Mais au lieu de demander une chambre, songeant qu'il avait encore beaucoup de courses à faire, il trouva préférable de demander l'adresse de la Société Générale.

Il se rendit à la Société Générale, fit passer sa carte au sous-directeur, mais ayant été introduit, plutôt que de montrer sa lettre de crédit, il jugea à propos de s'informer des principales curiosités de la ville arabe, de Bousbir, et des cafés mauresques, car on ne peut quitter Casa sans avoir vu la danse du ventre, quoique les femmes qui dansent soient juives et non musulmanes. Il s'informa donc de l'endroit, se fit conduire au café mauresque, et il avait déjà une danseuse installée à sa table commandant une bouteille de porto, quand

il se rendit compte que tout ça, ce sont des bêti-
ses ; en voyage, avec ces fatigues inaccoutumées,
il faut premièrement se restaurer. Il s'en alla
donc et se dirigea vers le restaurant du Roi de la
Bière, dans la ville nouvelle ; il allait s'attabler
quand il réfléchit que ce n'était pas tout, quand
on voyage, de boire et de manger, qu'il faut soi-
gneusement s'assurer si tout est en règle pour
l'étape du lendemain ; c'est ainsi qu'il convenait,
plutôt que de faire le pacha à une table, de
rechercher le plus tôt possible l'emplacement du
bateau qu'il devait prendre le lendemain.

Ce serait du temps bien employé. Ce qu'il était
déjà occupé à faire, quand il lui vint à l'esprit
d'aller faire un tour du côté des douanes. Il y a
des jours où ils ne laisseraient pas passer une
boîte de dix allumettes, et celui qu'on trouverait
porteur d'une pareille boîte, soit qu'on la trouvât
sur lui, soit au sein de ses bagages, s'exposerait
aux pires mésaventures. Mais en chemin, son-
geant combien souvent le service de la Santé est
confié à des médecins ignorants qui pourraient
bien empêcher de monter à bord une personne
en parfaite santé, il dut reconnaître qu'il serait
fort avisé de se montrer, en bras de chemise,
tirant de l'aviron, exubérant de vigueur malgré
la fraîcheur de la nuit. Et ainsi faisait-il quand
la police toujours inquiète, le questionna, enten-
dit sa réponse et dès lors ne le lâcha plus.

# L'HOTE D'HONNEUR
## DU BREN CLUB

L'hôte d'honneur mangeait lentement, mé-
thodiquement, ne faisant aucun commentaire.

La dinde était farcie à l'asticot, la salade avait
été nettoyée au cambouis, les pommes de terre
avaient été recrachées. L'arbre à grape-fruit
avait dû croître en terrain de naphtaline, les
champignons sentaient l'acier, le pâté sentait
l'aisselle. Le vin était vin comme le permanga-
nate.

Plume, sans lever la tête, mangeait patiem-
ment. Un serpent tombé d'un régime de bananes
rampa vers lui ; il l'avala par politesse, puis il se
replongea dans son assiette.

Pour attirer son attention, la maîtresse de
maison se mit un sein à nu. Ensuite, détournant
les yeux, elle rit gauchement.

Plume, sans lever la tête, mangeait toujours.

« Savez-vous comment on nourrit un en-
fant ? » demanda-t-elle tout d'un coup agitée, et
elle le renifla. Par honnêteté, il la renifla aussi,

doucement. Peu après, sanglotant, sa voisine de droite se trouva à demi étouffée, d'une langue de mouton, que sottement elle s'était mis dans la tête d'avaler. On l'entoura de soins vigilants. Sans en avoir l'air, l'un lui tenait les narines presque bouchées, tandis que d'autres, sous couleur de l'aider, lui comprimaient la glotte. Et jamais elle ne rendit la langue à laquelle elle avait tant envie de renoncer.

Ainsi la vie, toujours prête à tirer son épingle du jeu, la quitta silencieusement.

« Ne le prenez pas en mauvaise part », dit alors à Plume la maîtresse de maison, les yeux brillants et larges. « Dans l'avalement des langues, toujours quelqu'un échoue. Ça aurait pu être vous. Ça aurait pu être moi. Félicitons-nous. Divertissons-nous. Je voudrais que des enfants nous voient en ce moment. Ils aiment tant la vue du bonheur. »

Et elle le battait en l'embrassant.

# XII

## PLUME AU PLAFOND

Dans un stupide moment de distraction, Plume marcha les pieds au plafond, au lieu de les garder à terre.

Hélas, quand il s'en aperçut, il était trop tard.

Déjà paralysé par le sang aussitôt amassé, entassé dans sa tête, comme le fer dans un marteau, il ne savait plus quoi. Il était perdu. Avec épouvante, il voyait le lointain plancher, le fauteuil autrefois si accueillant, la pièce entière, étonnant abîme.

Comme il aurait voulu être dans une cuve pleine d'eau, dans un piège à loups, dans un coffre, dans un chauffe-bain en cuivre, plutôt que là, seul, sur ce plafond ridiculement désert et sans ressources d'où redescendre eût été, autant dire, se tuer.

Malheur ! Malheur toujours attaché au même... tandis que tant d'autres dans le monde entier continuaient à marcher tranquillement à terre, qui sûrement ne valaient pas beaucoup plus cher que lui.

Si encore il avait pu entrer dans le plafond, y terminer en paix, quoique rapidement, sa triste vie... Mais les plafonds sont durs, et ne peuvent que vous « renvoyer », c'est le mot.

Pas de choix dans le malheur, on vous offre ce qui reste. Comme désespérément, il s'obstinait, taupe de plafond, une délégation du Bren Club partie à sa recherche, le trouva en levant la tête.

On le descendit alors, sans mot dire, par le moyen d'une échelle dressée.

On était gêné. On s'excusait auprès de lui. On accusait à tout hasard un organisateur absent. On flattait l'orgueil de Plume qui n'avait pas perdu courage, alors que tant d'autres, démoralisés, se fussent jetés dans le vide, et se fussent cassé bras et jambes et, davantage, car les plafonds dans ce pays sont hauts, datant presque tous de l'époque de la conquête espagnole.

Plume, sans répondre, se brossait les manches avec embarras.

## PLUME ET LES CULS-DE-JATTE

... Il y avait un homme en face de Plume, et dès qu'il cessait de le regarder, le visage de cet homme se défaisait, se décomposait en grimaçant, et sa mâchoire tombait sans force.

Ah ! Ah ! pensait Plume. Ah ! Ah ! Comme elle est encore tendre ici la création ! Mais quelle responsabilité pour chacun de nous ! Il faudra que j'aille dans un pays où les visages soient plus définitivement fixés, où l'on puisse fixer et détacher ses regards sans catastrophe.

Je me demande même comment les gens d'ici peuvent vivre ; sûrement j'y contracterais bientôt une maladie de cœur. Et il se jeta dans une chaise à porteurs. Il arriva à une réunion de culs-de-jatte qui se tenait dans un arbre. Continuellement, il fallait aider de nouveaux culs-de-jatte à monter dans l'arbre, qui en était déjà tout noir. Ça leur fait tellement plaisir ! Ils contemplent le ciel à travers les branches, ils ne sentent plus le poids de la terre. C'est la grande réconciliation.

Mais Plume, des culs-de-jatte plein les bras, se plaignait intérieurement. Non, il n'est pas travailleur. Il ne sent pas le besoin ardent du travail.

« Pour la tombe de votre père, achetez un petit chien. » Ils insistent, lugubres, comme des infirmes.

Fatigue ! Fatigue ! On ne nous lâchera donc jamais ?

# Chaînes

*Pièce en un acte*

(1937)

J. F. : LA JEUNE FILLE (Damidia)
J. H. : LE JEUNE HOMME
PÈRE : LE PÈRE DU JEUNE HOMME
UN VOISIN
LA MÈRE DE LA JEUNE FILLE
VOIX

*La scène représente à gauche la maison de la jeune fille, porte et fenêtre au rez-de-chaussée, fenêtre et balcon au 1er étage.*
*A droite, vis-à-vis, la maison du jeune homme, même disposition.*
*La rue est entre les deux.*
*Le jeune homme se trouve attaché dans la pièce du rez-de-chaussée de sa maison.*

## SCÈNE I

*(Un jeune homme dans une pièce. Il est attaché par une grosse corde à chaque bras.)*

J. H. — C'est peut-être insensé. C'est peut-être de l'orgueil.

C'est peut-être une sotte honte, mais cela m'affecte d'être attaché indéfiniment.

> *(Il aperçoit la jeune fille. Elle le regarde distraitement.)*

J. H. — Oh ! La belle créature !

Oh ! Comme je l'aimerais !

Je l'aime tellement.

Hélas, je suis attaché.

> *(Elle le regarde encore une fois, distraitement.)*

J. H. — Je prévois de grandes complications.

Avant ce regard ma vie était bien plus simple.

Je sens que je ferais tout pour elle.

Hélas, je suis attaché.

> *(Il rentre.)*

> *(Jeune fille à un grand balcon très bas.*
> *Elle joue sans conviction avec un tout petit*
> *xylophone.)*

J. F. — Je suis malheureuse. Je suis très malheureuse.

Vous comprenez ? Très malheureuse.

> *(Elle pleure, tournée vers le public, et luɪ*
> *parlant.)*

Est-ce que vous comprenez ? Je n'ai pas dit très satisfaite, j'ai dit « malheureuse ». Si l'on confond dans la suite, ce ne sera pas de ma faute. J'ai dit très malheureuse, n'est-ce pas...

> *(Elle a un accès de rire à travers ses larmes ;*
> *puis se reprend à pleurer de plus belle.)*

Maintenant, Dieu veuille que ça aille mieux pour moi...

> *(Sa mère, dont on ne voit guère que le bras,*
> *l'attrape et l'attire à l'intérieur, derrière*
> *la tenture. La jeune fille résiste et avant*
> *de disparaître se retourne, désespérée.)*

J. F. — On ne va pas me laisser parler.
J'en étais sûre.

> *(Elle disparaît, revient un instant après et*
> *très calme.)*

J. F. — Je suis « très malheureuse », n'oubliez pas. *Très.*

> *(On entend le bruit de gifles qui se donnent*
> *à l'intérieur de la maison de la jeune fil-*
> *le. La jeune fille va voir un instant puis*
> *ressort tranquillement.)*

J. H. *(inquiet).* — On se bat chez toi ?
Qu'y a-t-il ?

Est-ce ton père ?

J. F. *(calme).* — Non *(elle fait non de la tête).*

J. H. — Ta mère ?

J. F. — *(Elle fait oui de la tête.)*

J. H. — Ta mère bat ton père ?

J. F. — Non *(de la tête).*

J. H. — Ta mère bat ton grand-père ?

J. F. — Non.

J. H. — Ta mère bat ?

J. F. — Oui *(de la tête).*

J. H. — Ta mère bat ton grand-oncle ?

J. F. — Oui *(de la tête).*

J. H. *(scandalisé).* — Oh ! C'est scanda...

*(Il se reprend.)*

Je crois que c'est scandaleux.

Mais, tant pis. Je t'aime.

*(Parfaite indifférence de la J. F., comme s'il lui disait qu'il a plu hier.)*

J. H. *(craintif).* — Je peux le dire. J'ai assez mal. Je t'aime.

C'est quand je te regarde. Et c'est après t'avoir regardée.

*(Elle lui prête toujours aussi peu d'attention que s'il se mouchait.)*

J. F. — Ne parle pas à tort et à travers.

Viens et montre-moi la route du puits de l'arbre.

J. H. — Je ne puis.

Je suis retenu.

J. F. — Par quoi ?

J. H. — Par ça.

J. F. — Quoi ça ?

J. H. — C'est la volonté de mon père. Il m'attache par deux cordes.

J. F. *(calme).* — Il faut le battre, ton père.

J. H. — Le battre ! dis-tu. C'est scandaleux.

*(Se reprenant.)*

Ne te fâche pas. Ce n'est pas dans l'usage de ma famille.

Veux-tu plutôt que je batte mon frère ?

J. F. — Euh, ne parlais-tu pas d'amour tout à l'heure ? Tu mentais ? Tu dis que tu m'aimes et quand on te demande quelque chose, tu marchandes. *(Elle se détourne.)*

J. H. — Je te supplie. C'est vrai que je t'aime. Tu ne peux savoir à quel point, tu me...

J. F. *(le coupant).* — Tu battras ton frère quand j'en aurai envie.

*(Réflexion.)*

Comment se fait-il que je ne te voie jamais ?

J. H. — C'est mon père.

J. F. — Encore !

J. H. — Il me tient attaché en bas dans l'échoppe.

J. F. — Quoi !

*(Silence.)*

— Alors ? Tu le battras, hein, ton père ?

Ce sera le premier cadeau que tu me feras.

Dis, ne vas-tu pas me donner tout de suite quelque chose ? Une petite chose, tu sais, pour songer.

Allons, lève-toi.

Apporte vite à Damidia.

J. H. — Damidia ?

J. F. *(parfaitement indignée).* — Comment ! Tu ne savais pas que je m'appelais Damidia et tu me parlais !

Comment pouvais-tu ?

*(Affolement du jeune homme.)*

Tu me feras signe, quand tu battras ton père, hein, c'est promis ?

Sinon, ça ne compterait pas pour le cadeau.

Maintenant je vais mettre de l'ordre dans la maison.

> *(Les gifles redoublent à son arrivée, puis s'atténuent.)*
>
> *(La jeune fille revient, de son air calme et décidé. Tout à coup, tournée vers la salle.)*

— « Comme je suis malheureuse ! »

> *(Se tournant vers lui, le visage impassible.)*

J. F. — Je ne le dis pas à toi.

Qu'est-ce que tu y comprendrais ?

> *(On entend encore le bruit de gifles. La jeune fille rentre chez elle. Peu après, de formidables gifles éclatent. Elle revient*

*comme quelqu'un qui a administré une correction.)*

J. F. *(reprenant son calme).* — Je suis extrêmement malheureuse.

Je m'ennuie tellement.

> *(On entend un râle d'agonie et le cri « Je meurs ». La jeune fille rentre posément, va voir, revient un peu après, même air, et ne dit rien.)*

J. H. *(inquiet).* — Qu'y a-t-il ? Qui est-ce ?

J. F. — C'est mon oncle.

J. H. — Il meurt ?

J. F. *(calme).* — Je ne crois pas.

Il fait bien l'agonie. Mais, en général, il ne meurt pas.

J. H. — Vraiment ? Est-ce possible ? Alors, ta mère l'aurait trop battu ?

J. F. *(impatientée).* — Oh ! Il y a des gens qui sont des boîtes à questions. *(Cependant on entend des cris : « Non, non, ne m'achevez pas, je vous en supplie, pas ainsi, de sang-froid. »)*

> *(Elle va voir, mais revient au bout d'un instant.)*

J. H. — Mais qu'est-ce ? Dis-moi, qu'est-ce qui arrive ?

Comment une mère peut-elle frapper ainsi un vieillard, *(prudemment)* ... même si c'est l'usage de la famille ?

J. F. *(simplement).* — Ce n'est pas ma mère.

J. H. — Mais qui alors ? Qui se permet ?

J. F. — C'est l'assassin attaché à notre famille.

*(Réfléchissant)*

Je me demande qui a été le chercher. Il est vrai qu'il a peut-être entendu. Grand-oncle fait vraiment trop de bruit parfois.

J. H. — Un assassin attaché à la famille !

J. F. — C'est un pauvre homme qu'on a ramassé dans la rue ; il se trouvait sans emploi. Alors on lui a donné un emploi... surtout honorifique. Mais il aime son travail. On doit plutôt le retenir que le pousser.

C'est étonnant, après tant de déceptions dans sa vie, il a gardé sa fraîcheur. Oui, il en est encore là. Ça l'intéresse toujours de tuer.

J. H. — Mais... mais, c'est scandaleux ! Quelle journée ! Qu'est-ce que je n'entends pas aujourd'hui ?

Jamais, dans ma famille, il n'y eut d'assassins attachés, *(doucement)* ... pas que je sache, non, pas que je sache du moins...

J. F. — Ta famille ! Ton seul propos ; on dirait que tu l'as mise au monde, ta famille, que tu l'as eue dans le ventre tout entière, ta famille, jusqu'à ton bisaïeul et sa barbiche.

Tu es un petit homme. Sois modeste.

Comme tu n'as pas eu la peau de ton ventre tendue par un enfant, tais-toi.

J. H. — Une jeune fille parler de la sorte !

Et tu sais des choses... et tu dis des choses...

J. F. — Comment veux-tu que je ne sache pas ?

Une renarde d'un an, d'un seul an, sait cela.
Elle en sait plus que toi. Et pourtant elle est sans
jactance. Elle ne dit pas : « C'est scandaleux. »
Elle ne dit pas : « Dans ma famille... »

*(vivement)*

Et d'ailleurs, tais-toi, tais-toi.

Si tu n'es pas en âge de battre ton père, ne me
parle plus.

Tu ferais rire un mur avec ta famille, ta
famille !

*(Elle sort.)*

J. H. *(à part)*. — Oh ! Je l'aime.

Elle est terrible ! Comme elle est belle !

*(décidé)*

Je l'aime. Je me débarrasserai de mes liens...

Avec une jeune fille pareille, la vie est une
tout autre chose...

Je battrai. Je battrai mon père dix fois, s'il le
faut... même je battrai mon grand-père ! *(scan-
dalisé)* Oh ! Qu'ai-je dit ? Qu'ai-je dit ?

Pourvu qu'elle m'aime un peu, après.

C'est une jeune fille merveilleuse, oh ! mer-
veilleuse.

Pauvre de qualités, parlerait-elle de la sorte.
Mais je me demande que va penser ma famille.

En attendant, je suis attaché : bien mauvais
début.

Allons, je crois qu'avec du courage, je pour-
rais me lever maintenant et aller battre mon
père.

Ces liens sont pourtant solides encore.

(*On entend des pas, des pas d'homme.*)

Ah ! Si ce pouvait être lui. Il me délierait pour me mener en bas et (*les pas se rapprochent*) maintenant que j'ai du courage...

Hélas ! Comme ses pas sont d'un homme vigoureux ! Avec quelle autorité il marche, mon père.

Ah ! Quelle, quelle mauvaise, mauvaise conjoncture...

Si j'étais sûr, au moins, qu'elle m'aimerait !...

J'ai peur, j'ai peur ! Je sens que je vais être lâche.

(*Un homme apparaît.*)

J. H. (*tremblant, décomposé*). — Oui, Père.

... Oui, Père.

... Bien, Père.

(*En silence ils descendent les marches.*)


SCÈNE II

(Au rez-de-chaussée)

(*Passant en bas devant l'échoppe.*)

J. F. (*sévère*). — Qu'as-tu fait de tes résolutions ? — J'ai vu ton père tout à l'heure et n'ai rien remarqué en lui qui pût faire supposer qu'il venait d'être battu. Peut-être ne l'ai-je pas bien observé...

J. H. — Je...

J. F. — Tais-toi. Tu n'as pas le droit de parler.

D'ailleurs, quand je songe que tu ne savais même pas mon nom. *(Elle passe.)*

*(Il la rappelle.)*

J. H. — Dis-moi, et ton oncle ?

J. F. — Mon oncle va bien.

L'assassin de la famille est en congé jusqu'à la fin de la semaine.

Pauvret, va. Tu ne t'intéresses qu'aux faibles.

Je crois que je ferais mieux de ne plus t'adresser la parole : tu m'affaiblis...

J. H. — Mais...

J. F. — Assez !

Dommage que je ne puisse en ce moment t'envoyer notre assassin de famille. Il y aurait du travail pour lui dans ta maison, il me semble...

Mais pourquoi irai-je m'occuper de tes intérêts ?

Je suis bien bonne, vraiment.

*(Elle se dispose à partir.)*

J. H. — Oh ! Je t'en prie, je t'en prie. Ne t'en va pas.

Je veux ce que tu veux. Envoie-moi l'assassin de famille.

J. F. — Pourquoi irai-je m'occuper de toi ?

Je ne te connais pas.

D'ailleurs, il est en congé.

Depuis que tu me connais tu ne m'as même pas offert un cadeau.

> *(Il se fouille, confus, et tire de sa poche une grosse bague, ornée d'une pierre précieuse, qu'il lui offre.)*

J. F. — Ainsi ! Tu prétends que je mendie ! Hein, je suis une mendiante, dis-le donc...

J. H. — Ne te fâche pas. Ne te fâche pas. Regarde, c'est une belle pierre. Je te donnerais d'ailleurs n'importe quoi, si tu le voulais.

J. F. *(tenant la pierre dans ses doigts)*. — Elle n'est pas insignifiante.

Mais tu ne me l'offrais pas, tout à l'heure.

J. H. — Je ne l'avais pas. Je viens de la prendre à père.

J. F. *(joyeuse)*. — Est-ce vrai ? Tu la lui as prise ? Prise de force, en lui tordant le poignet ?

> *(Il baisse la tête et fait « non ».)*

J. F. — Tu n'as donc aucune dignité ?

J'avais cru que tu lui avais au moins tordu le poignet.

J'avais cru. J'étais folle sans doute.

Tiens, voici ta pierre. Elle est trouble.

J. H. — Ne parle pas, ne sois pas contrariée. Je n'ai fait que la reprendre. Cette pierre était à moi. Elle m'avait été donnée.

> *(A la J. F. qui s'éloigne)*. Je t'en prie, je t'en supplie, reste.

Tu vois, je mets tout mon orgueil dans ma poche.

Tu es tout pour moi. Tu me tues aussi par moments.

Si tu savais... Mais tu ne veux pas voir.

J. F. — Eh bien, il est vrai que je ne suis pas tellement pressée cet après-midi. Mais fais bien attention à ce que tu diras.

C'est peut-être la dernière fois que je suis là à t'écouter.

Tu décourages l'attention, tu sais, la plupart du temps tu la décourages. Mais je vais donc encore t'écouter une fois... Eh bien, parle.

J. H. — Oui, oui, mais ne te fâche pas tout de suite, si je dis une chose qui te déplaise *(long silence)*.

J. F. — Est-ce là parler ?

Dis, à part te laisser attacher tous les jours, que sais-tu faire au juste ?

Toi qui dois avoir sans doute près de dix-sept ans, tu sais bien faire quelque chose ? Même un cancrelat sait faire quelque chose, allons, dis la chose que tu sais faire. Dégourdis-toi.

J. H. — Encore il y a un an, j'allais avec mon père à la pêche au Dopu, sur le lac...

J. F. — Est-ce lui qui pêchait ?

J. H. — *Moi,* je pêchais, je plongeais cinq fois la hauteur d'un homme de bonne taille, et j'en ramenais des poissons sur le rivage, oh oui ! un tas comme ça, dans un linge, gros, et lourd.

J. F. — Lourd comme quoi ?

J. H. — Lourd, deux fois lourd comme toi, au moins *(il rit)*.

J. F. — Ce poids t'est inconnu. — Sois plus réservé.

Soulève-moi d'abord et puis tu parleras, et puis tu feras des comparaisons s'il y a lieu. Eh bien, approche. Tu n'as pas de bras non plus ?

> *(Hésitant, presque défaillant, il la prend dans ses bras, et la soulève. Il est possédé d'une joie extrême, qui pourtant le tient comme paralysé d'abord.)*

J. H. — Tu vas me délivrer ! Damidia, tu vas me délivrer. Je sens que tu vas me délivrer. Damidia, tu ne pèses qu'une plume, je prenais un ensemble de poissons qui pesait douze fois comme toi, petite plume, tu ne te rends pas compte, Damidia et ton air farouche et grave, tu pèses comme l'air, tu pèses comme la joie. Oh, j'ai tout de suite compris que... j'ai compris, *(il lui baise les cheveux, il est joyeux.)*

J. F. — *(Se trouvant dans ses bras, elle tourne la tête vers lui, gravement lui prend une oreille pour qu'il tourne sa tête vers elle.)*

— Est-ce que tu te réveillerais ? Ou sont-ce des gestes dans le sommeil ? Des lambeaux d'un tissu qui flotte au vent ?

> *(Elle se dégage ensuite d'un mouvement nerveux. Il la regarde d'un air illuminé.)*

J. F. — *(tout à coup comme s'il lui manquait quelque chose.)*

Pèse-moi encore une fois, veux-tu. Je songe à quelque chose d'étrange.

> *(Il la reprend et cette fois la serre forte-*
> *ment ; après quelques secondes, elle se*
> *rejette prestement à terre.)*

J. F. — Il faut que je parte... Je suis restée trop longtemps.

Et toi aussi, peut-être, tu auras de quoi réfléchir...

A plus tard.

J. H. — A bientôt. J'arracherai mes liens, je les arracherai. Je te le promets solennellement cette fois. *(Il a un cri joyeux, et se libère violemment d'un de ses deux liens. La jeune fille se retire.)*

J. H. — *(se voyant seul retombe dans le découragement et reste attaché par un lien. Il se repose).* — Serait-elle fâchée ? Non.

Elle va revenir comme elle est venue, légère et vive.

Pourquoi n'a-t-elle pas attendu ?

*(Il essaie de rompre le lien qui reste.)*

Oh ! C'est encore solide.

L'autre pourtant, je l'ai arraché d'un coup. Peut-être était-il usé.

> *(Temps. La jeune fille repasse.)*

J. F. *(lui parlant sans tourner la tête.)*

Viens, Libéré, qu'attends-tu pour sortir ?

J. H. — Hélas, je dois te le dire.

Il reste un lien que je ne suis pas arrivé à rompre.

J. F. *(à part)*. — Ah !...........

(*Etonnée, déçue*)

Et pourtant l'autre a été rompu si aisément. (*Réfléchissant.*) Peut-être était-il usé.

(*Haut*)

Est-ce là toute ta force ?

Est-ce là tout ton désir de sortir avec moi ?

Faudra-t-il aussi que je te demande de m'accompagner ?

(*Elle s'éloigne.*)

(*Long silence.*)

VOIX (*venant de l'étage*). — Tu te libères, mon fils.

(*Lent, avec reproches*)

Est-ce aussi toi qui m'as envoyé un assassin ?

Tu te libères, mon fils.

Est-ce aussi toi qui m'envoies un assassin ?

Tu te libères, mon fils.

Est-ce aussi toi qui...

J. H. — C'en est trop. Je ne peux plus supporter d'entendre cette voix. Elle me rend fou.

(*Furieux, il rompt le lien, se détache et s'enfuit. Long silence. D'un air satisfait, revenu sur le pas de la porte, le jeune homme, les mains libres, mange une orange. La jeune fille le regarde avec humeur.*)

J. H. — Tu sais, cette fois, je l'ai battu. Oui,

battu et mes liens sont rompus.

J. F. — Ah ! Tout de même !

J. H. — Est-ce tout ce que tu dis ?

Et pourtant il m'en coûtait, tu peux le croire ;
si ce n'avait été pour toi...

J. F. — As-tu songé à lui tenir quelques ins-
tants la tête sous l'eau ?

Non ? Alors, ce n'est pas complet.

J. H. — Oh si ! C'est suffisant. Je n'aurais
jamais cru. Il était complètement retourné. Il
s'accusait. Je n'ai pas écouté. Il était ému, ça se
comprend. *(Il rit en mangeant une orange.)*

Mais qu'as-tu ? Tu boudes ? Tu es fâchée.
Comprends-moi, le pauvre homme, après toutes
ces vilaines émotions, je ne pouvais pas le jeter à
l'eau. Dans le fond, il est timide, il est comme
moi. Mais dis, il y a autre chose. Qu'y a-t-il ?
Parle, parle.

J. F. *(absolument scandalisée).* — Est-ce ainsi
que tu manges une orange ! Tu n'as donc aucune
délicatesse ?

LE PÈRE *(qui les observe)* :

Déjà repris !

Pauvre petit !

C'est étrange. Il est mon fils et je ne le
hais pas. Même, je ressens de l'affection pour
lui.

Oh ! Il faut que je dissimule ces sentiments à
cause du ridicule.

Je me demande parfois si nos usages ne sont

pas insensés.

D'autres feraient aussi bien l'affaire, peut-être. Il suffirait d'essayer.

Qu'est-ce que j'ai ? Ce sont de folles pensées.

Il faut de la discipline.

*(Un temps.)*

Il aurait pu me pousser la tête sous l'eau... Il ne l'a pas fait.

Il est fort. Seule la confiance lui manque.

Il me semble qu'il était ému, lui aussi.

Un timide, en somme ; comme moi.

Je tâcherai de m'occuper de lui, sans en avoir l'air.

*(Distraitement, rêveusement aussi, il tient dans ses mains un habit vert.)*

VOISIN. — Ah ! Ah ! Enfin ! La main sur la tenue verte !

Tu as donc été battu par ton fils. L'ignorance où tu le laissais des usages devait avoir une fin.

Hum ! Hum ! La main sur la tenue verte.

Mais mal décidé encore... Je vois...

*(Silence du Père.)*

VOISIN *(distrait)*. — Allons, ne sois pas chagrin.

Tu as battu ton fils longtemps, tu battais ton père jusqu'à la fin ; que veux-tu de plus ?

PÈRE *(à part)*. — Il ne comprend pas. Il ne peut comprendre. Un homme comme tout le monde.

VOISIN. — Il en est de plus à plaindre. Va, tu as encore un oncle à battre.

Ah ! Bien sûr, ce n'est pas comme un fils, jeune, plein de fraîcheur et d'élan. Mais il faut se faire une raison.

PÈRE. — *(haut, mais distrait et comme se parlant aussi à lui-même.)*

— Oui, c'est vrai. J'ai tort de songer. Il serait fou de vouloir changer les mœurs.

VOISIN. — Rester en suspens est mauvais. Endosse la tenue verte.

D'autres pensées sont sûrement malsaines.

Allons. Adieu.

PÈRE. — *(resté seul, il voit passer, non enlacés, mais appuyés, épaule contre épaule, doucement tournés l'un vers l'autre, les mains unies, son fils et la jeune fille. A part.)*

Il faut que je me tienne à l'écart.

Mais je suis content. Je crois qu'il sera heureux.

Nette, belle et farouche comme elle est, comment a-t-elle pu se laisser émouvoir par un jeune homme si timide ?

Mystère ! Les dernières duretés de la jeune fille déjà ne sont plus. Bientôt elle ne les comprendra plus elle-même.

En quelques jours, en un jour, ils entrent dans un autre âge.

    *(Il jette la veste verte sur ses épaules)..* et moi...

On ne la reconnaît pas, cette petite Damidia ;
ses yeux, comme ils ont changé.

Même ma femme ne les avait pas si clairs.

Et mon fils, comme il a changé aussi.

Je m'occuperai d'eux plus tard.

Allons, il faut que je me retire. L'émotion
dans ce cas est ridicule.


(RIDEAU)

# Le drame des constructeurs

*Acte unique*

*écrit en 1930, représenté en 1937 à Paris.*

# SCÈNE I

*Cet acte se passe à la promenade des
constructeurs, dans les allées du jardin
entourant l'asile.*

*Ils parlent en partie pour eux-mêmes, en
partie pour l'Univers.*

*Leur apparence extérieure : adultes, pen-
seurs, persécutés.*

*On voit les gardiens dans le lointain. Cha-
que fois qu'ils approchent, les construc-
teurs se dispersent.*

A. (*orgueilleusement*). — Souvent, jouant aux
dés, tout à coup, je me dis : « Avec ce dé, je ferais
une ville » et je ne termine pas la partie, tant que
je n'ai pas construit une ville.

Et pourtant, c'est bien difficile... et quand il
faut loger des Anglais dans un dé, avec le square
qu'ils veulent à tout prix et leur terrain de golf,
eh bien, celui qui dit que c'est facile, qu'il le fas-
se. Et que ne l'a-t-il déjà fait ? Ce n'est pas les
dés qui manquent, je suppose.

B. *(avec bonté)*. — Ecoutez-moi. Faites-vous d'abord la main sur des puces. Non seulement petite, délicate, mais par-dessus tout, sauteuse, la puce. *(S'adressant à tous.)* Avouez-le, voyons. Ne faites pas la mauvaise tête, vous savez bien tous qu'une puce vit de sauts.

A. *(véhément)*. — Vous avez logé des Anglais dans une puce ?

*(Coupant)*. On peut les voir ? Et intacts, hein ?

B. — Intacts... pourquoi pas ? Ils ne sont pas plus fragiles que d'autres ; tenez, Manchester, c'est pourri d'Anglais...

C. *(avec douceur, rêvant)*. — Moi, je construisis une ville où on pouvait... où on aurait pu espérer vivre tranquille... et pourtant !...

Enfin, je la construisis..., avec des rues tellement étroites que même un chat n'y pouvait passer que difficilement... Les voleurs n'essayaient même pas de s'échapper. D'avance, ils étaient pris, c'était fatal. Ils restaient là, figés, avec le regard de l'angoisse...

E. *(en passant)*. — ... Vous avez dû avoir des ennuis, hein, avec votre ville. *(Il s'est arrêté un instant pour écouter.)* Oh ! Elles sont mauvaises... *(Il repart.)*

C. *(poursuivant son rêve)*. — Dans mes théâtres, pas de public.

Au balcon, j'asseyais des télescopes. Ils restaient là, pendant des heures, aux écoutes... fure-

tant le drame..., et les petites lunettes aux gale-
ries, penchées les unes sur les autres avec sympa-
thie... et regardant... regardant...

B. *(réfléchissant).* — Oui, un télescope, on doit
pouvoir compter là-dessus.

C. *(vivement).* — Oh ! Les petites lunettes aus-
si... *(Puis, de nouveau, lentement et rêveur.)*

... Mes maisons exténuées, les soirs de septem-
bre, qui s'affaissaient tout à coup, ouvrant leurs
portes et fenêtres, tandis que leur cheminée s'al-
longeait, émanant comme un pistil... comme un
clocher...

... Et ma ville d'icebergs ! Des icebergs à gar-
de-fou et plantés où le dernier des morses a son
champ, et le laboure lui-même, avec la masse de
son corps pour tracer le sillon...

Les baleines pochées, qui échouent au petit
matin dans les rues, obstruant tout, répandant
une odeur de...

A. *(furieux).* — Des baleines ! Des baleines ! Je
n'en veux pas. On est déjà assez à l'étroit. Il n'a
qu'à s'occuper à du plus petit. Je travaille dans
les dés, je me force, je me rends myope et voilà
qu'on veut nous amener des baleines. Il n'a qu'à
les réduire. Qu'il en fasse des têtards ! *(D'une
voix terrible.)* Des têtards !

B. *(à* C., *conciliant).* — C'est juste, tu com-
prends, on est trop surveillé ici. On est enlevé
pour un rien. Tu partirais. Et puis tu nous vois
restant avec des baleines. Nous ne les connais-

sons pas. Ça profite d'un rien d'eau ces bêtes-là, pour bousculer, culbuter, épouvanter. Ce ne serait pas pittoresque, hein, grand frère, grand constructeur. *(Paternel, après une courte réflexion.)* — Tu pourrais peut-être faire de fausses baleines, et quand arrivent les espions, tu les piques, tes baleines, et elles leur pètent au nez. Si lui t'embête *(désignant* A.*)*, même chose... pètent au nez. Baleine ? Pas vu ! Pas de baleine ! *(Riant).* Elle a plongé, la baleine !

> *(On voit approcher les gardiens.)*

(A., B. *et* C. *font pst... pst... Ils se taisent, font quelques pas vers l'extrémité de la scène.)*

D. *(qui est resté assis, larmoyant).* — Fainéants ! Fainéants ! Usurpateurs !

*(Sanglotant).* Moi qui ai tellement construit dans mon œil que je vais bientôt perdre la vue ! *(Silence.)*

... Il ne faudrait pas, qu'après avoir souffert ce que j'ai souffert, on vienne encore m'enlever mon bien.

## SCÈNE II

PERSONNAGES : F., G., B., D.

F. *(assis, réfléchissant profondément, scandant les mots).* — Une ville... le plus benêt peut

construire une ville. Moi, je veux construire
« courir », et puisque ça court... toujours... cou-
rir, quoi ! Et ne serait-ce que courir vingt-cinq
ans d'affilée, ce n'est pas commode. Cela conduit
à un épuisement certain. Mais je vais stabiliser
tout ça. Courir, vous verrez comme ça deviendra
facile et... enchaîné.

c. — Il y a erreur, je ne fais pas de ville. Je
suis le constructeur de l'obus pour aller à la
lune. Et non seulement il y alla, mais il la tra-
versa de part en part. Ce n'est rien, ça ?

DIEU LE PÈRE. — Non, courir vingt ans de suite,
nous ne voulons pas de ça. Ce n'est pas bon pour
l'homme, il fait assez d'excès sans cela.

B. *(s'adressant à Dieu le Père)*. — Vous n'au-
riez pas dû permettre non plus qu'un obus attei-
gnît la lune.

DIEU LE PÈRE. — La lune n'a rien senti, mon
ami, je la tenais.

D. *(accourt, affolé, en pleurant)*. — Dieu le
Père, je vous en supplie, enlevez-moi la ville
qu'ils m'ont mise dans le ventre ! Dieu le Père, je
vous en supplie !

> *(Mais les gardiens arrivent. Les construc-
> teurs se dispersent pour se regrouper dès
> que les gardiens s'en vont.)*

## SCÈNE III

H. *(avec suffisance)*. — Mon ami, Œil de Cade, construisit une mouche de la taille d'un cheval. Avec cette monture il pouvait aller loin. Bien ! Mais qu'est-ce qu'une mouche-cheval comparée aux cent mille choses que j'ai construites, qui peuplent l'univers et en bien des endroits le constituent uniquement.

DIEU LE PÈRE. — Qu'on aille me chercher Œil de Cade. Il y a assez longtemps qu'il empeste ma création.

H. — Oh, il n'avait pas tellement de talent.

DIEU LE PÈRE. — Suffit ! Je vous ai reconnu. Il n'y a pas deux barbes comme ça sur le Globe. Un exemple tout de suite ! Qu'on prépare la marmite de l'enfer ! Allons !

Mais comment diable avez-vous pu gaspiller ainsi des mouches ? N'avez-vous donc pas senti des remords en voyant tous ces chevaux affolés ? Des chevaux que, moi, j'étais ensuite obligé de nourrir et d'instruire ? Car ils ne savaient rien, incapables même de poser leurs sabots convenablement. Et qui devait leur fournir des juments ? Moi, toujours moi. Qui me donnera un instant de repos ? *(Les gardes apparaissent. Les constructeurs se dispersent.)*

## SCÈNE IV

D. *(revenu sur scène ; se laissant aller à un souvenir heureux).* — Autrefois, je bâtissais sur Jupiter... un sol excellent ; un sous-sol parfait, mais les femmes n'arrivent pas à se plaire à l'étranger. La mienne... vous saisissez, mais cela va prendre fin. J'ai retrouvé un peu de poudre HDZ. *(Il roule du sable dans sa main.)* Avec ça on part tout seul. *(Désignant les gardiens.)* Ils auront beau regarder, pft... adieu. *(S'adressant aux autres.)* Venez sur Jupiter, venez, il y a du travail pour tous. On partira cet après-midi.

*(Quelques-uns répètent avec égarement :* On partira cet après-midi ! On partira cet après-midi ! *Les gardes approchent et les constructeurs se dispersent.)*

F. *(reste seul assis, pensant gravement en regardant les gardes, comme s'il allait les envoûter, et, hochant la tête d'un air de conviction définitive).* — Il n'y a pas d'erreur, ce qu'il faut, c'est les changer en statues... tout simplement.

## SCÈNE V

C. *se lève brusquement, exécute une série de passes pour hypnotiser les gardiens qui*

*ont le dos tourné et prend les construc-
teurs à témoin.*

c. — Là ! Là ! Ce sera bientôt fini, là, bien lis-
ses... bien durs... *(Brusquement les gardiens se
déplacent.)*

Les malins ! Juste à temps !

B. *(riant).* — Et si on les changeait en chemi-
nées, pfi... pfi, en cheminées de locomotives, pfi
pfi... pfi pfi pfi... pfi pfi pfi pfi pfi pfi pfi *(imitant
le bruit d'un train qui s'éloigne et faisant de la
main le geste des adieux).* Adios ! Adios !

D. *(doucement à B.).* — Laisse-les, c'est moi qui
veux partir.

A. *(qui jusqu'ici marchait nerveusement de long
en large, se campant au milieu d'eux).*

Ne vous inquiétez plus. Mes Tartares sont là,
de l'autre côté. A deux heures tapant, cet après-
midi, je vous le promets. A deux heures tapant...
*(Gesticulant comme pour indiquer qu'ils vont dé-
truire tout, il s'en va brusquement).* Exterminés,
nos petits mouchards !

DIEU LE PÈRE *(s'énervant aussi et se tournant vers
les gardiens).* Pécheurs enracinés dans votre
mauvaise conduite à mon égard, vous l'aurez
voulu. *(S'adressant aux constructeurs.)* Je vous
les livre. *(Il s'en va, d'un air de juge.)*

## SCÈNE VI

C. *(regardant au loin.)* — Tous ceux que j'ai changés en plaines ! Voyez cette étendue. Tout ça c'était des gardiens, autrefois. Cet arbre-là c'était un gardien. Un vieux malin. Je l'ai saisi pendant qu'il dormait. Je n'ai eu qu'à le relever...

Ça consomme des gardiens, allez, un horizon comme cela. Je vais faire encore quelques collines par là *(désignant un point éloigné de l'horizon)* avec ceux qui restent. Cet après-midi... je vous montrerai mon pays dans le détail. Un pays uniquement construit avec des gardiens !

## SCÈNE VII

A. *(revenant en scène, l'air mauvais, balançant la tête de gauche à droite aborde* E. *lui prenant une oreille puis l'autre, les examinant rapidement).* — Bien ! Donne-m'en une. Celle-ci ou celle-là, comme tu veux. Je te la rendrai. Je rendrai l'ouïe à tous les sourds. *(*E. *s'enfuit en criant. Prenant l'oreille de* C.*).* Viens, toi. Donne voir. Donne. Je te la rends tout de suite, et aménagée royalement. Je construirai une ville dans ton oreille. Une sacrée ville, va. Une ville à moi, avec des trains, des trains, des métropolitains, des baleines aussi, puisque tu en voulais. Des baleines. Des baleines à détente. *(S'exaltant).* Des baleines en l'air, plonger, filer, voler ; partez, dirigeables. *(Pendant que* C. *crie à cause de son oreille que* A. *ne lâche pas.)* Quel remous ça va faire. Plus rien que des baleines. Plus de refuge. Les voilà. Qui parle de reculer ? *(Les gardiens arrivent.)*

*(Déclamant.)* Alors, résolument, il se jeta dans la baleine. *(Il fonce sur les gardiens ; on le maintient ; cependant, il fonce dessus rythmiquement après chacune de ses phrases.)*

Alors, la mort dans l'âme, il plongea dans la baleine. *(Il se retire un peu, puis se précipite encore contre eux, grâce à la force de sa rage.)*

Alors, éperdu, il se jeta dans la baleine !

. . . . . . . . . . . . . . . . . . . . . . . . . . . . . . . . .

Alors, fermant les yeux, il plongea dans la baleine !

. . . . . . . . . . . . . . . . . . . . . . . . . . . . . . . . .

Alors, écartant les montagnes de corps arides... *(Mais on l'emporte.)*

C. *(qui n'a pas bougé et qui a compté les gardiens, réfléchissant posément).* — Sept saules encore à planter ! Ce sera pour demain après-midi... Ou sept bosquets... ou sept... collines ; décidément, oui, des collines, c'est encore le plus sûr.

(R I D E A U)

*Postface*

J'ai, plus d'une fois, senti en moi des « passages » de mon père. Aussitôt, je me cabrais. J'ai vécu contre mon père (et contre ma mère et contre mon grand-père, ma grand-mère, mes arrière-grands-parents) ; faute de les connaître, je n'ai pu lutter contre de plus lointains aïeux.

Faisant cela, quel ancêtre inconnu ai-je laissé vivre en moi ?

En général, je ne suivais pas la pente. En ne suivant pas la pente, de quel ancêtre inconnu ai-je suivi la pente ? De quel groupe, de quelle moyenne d'ancêtres ? Je variais constamment, je les faisais courir, ou eux, moi. Certains avaient à peine le temps de clignoter, puis disparaissaient. L'un n'apparaissait que dans tel climat, dans tel lieu, jamais dans un autre, dans telle position. Leur grand nombre, leur lutte, leur vitesse d'apparition — autre gêne — et je ne savais sur qui m'appuyer.

*On est né de trop de Mères.* — (Ancêtres : sim-
ples chromosomes porteurs de tendances mora-
les, qu'importe ?) Et puis les idées des autres, des
contemporains, partout téléphonées dans l'espa-
ce, et les amis, les tentatives à imiter ou à « être
contre ».

J'aurais pourtant voulu être un bon chef de
laboratoire, et passer pour avoir bien géré mon
« moi ».

En lambeaux, dispersé, je me défendais et tou-
jours il n'y avait pas de chef de tendances ou je le
destituais aussitôt. Il m'agace tout de suite. Etait-
ce lui qui m'abandonnait ? Etait-ce moi qui *le*
laissais ? Etait-ce moi qui *me* retenais ?

Le jeune puma naît tacheté. Ensuite, il sur-
monte les tachetures. C'est la force du puma
contre l'ancêtre, mais il ne surmonte pas son
goût de carnivore, son plaisir à jouer, sa cru-
auté.

Depuis trop de milliers d'années, il est occupé
par les vainqueurs.

Moi se fait de tout. Une flexion dans une phrase,
est-ce un autre moi qui tente d'apparaître ? Si le
Oui est mien, le Non est-il un deuxième moi ?

Moi n'est jamais que provisoire (changeant
face à un tel, moi *ad hominem* changeant dans
une autre langue, dans un autre art) et gros d'un
nouveau personnage, qu'un accident, une émo-
tion, un coup sur le crâne libérera à l'exclusion
du précédent et, à l'étonnement général, souvent

instantanément formé. Il était donc déjà tout constitué.

On n'est peut-être pas fait pour un seul moi. On a tort de s'y tenir. Préjugé de l'unité. (Là comme ailleurs la volonté, appauvrissante et sacrificatrice.)

Dans une double, triple, quintuple vie, on serait plus à l'aise, moins rongé et paralysé de subconscient hostile au conscient (hostilité des autres « moi » spoliés).

La plus grande fatigue de la journée et d'une vie serait due à l'effort, à la tension nécessaire pour garder un même moi à travers les tentations continuelles de le changer.

On veut trop être quelqu'un.

Il n'est pas un moi. *Il n'est pas dix moi. Il n'est pas de moi. MOI n'est qu'une position d'équilibre.* (Une entre mille autres continuellement possibles et toujours prêtes.) Une moyenne de « moi », un mouvement de foule. Au nom de beaucoup je signe ce livre.

Mais l'ai-je voulu ? Le voulions-nous ?

Il y avait de la pression (vis a tergo).

*Et puis ?* J'en fis le placement. J'en fus assez embarrassé.

Chaque tendance en moi avait sa volonté, comme chaque pensée dès qu'elle se présente et s'organise a sa volonté. Etait-ce la mienne ? Un tel a en moi sa volonté, tel autre, un ami, un grand homme du passé, le Gautama Bouddha, bien d'autres, de moindres, Pascal, Hello ? Qui sait ?

Volonté du plus grand nombre ? Volonté du groupe le plus cohérent ?

Je ne voulais pas vouloir. Je voulais, il me semble, contre moi, puisque je ne tenais pas à vouloir et que néanmoins je voulais.

... Foule, je me débrouillais dans ma foule en mouvement. Comme toute chose est foule, toute pensée, tout instant. Tout passé, tout ininterrompu, tout transformé, toute chose est autre chose. Rien jamais définitivement circonscrit, ni susceptible de l'être, tout : rapport, mathématiques, symboles, ou musique. Rien de fixe. Rien qui soit propriété.

Mes images ? Des rapports.

Mes pensées ? Mais les pensées ne sont justement peut-être que contrariétés du « moi », pertes d'équilibre (phase 2), ou recouvrements d'équilibre (phase 3) du mouvement du « pensant ». Mais la phase 1 (l'équilibre) reste inconnue, inconsciente.

Le véritable et profond flux pensant se fait sans doute *sans pensée consciente,* comme sans image. L'équilibre aperçu (phase 3) est le plus mauvais, celui qui après quelque temps paraît détestable à tout le monde. L'histoire de la Philosophie est l'histoire des fausses positions d'équilibre conscient adoptées successivement. Et puis... est-ce *par le bout « flammes » qu'il faut comprendre le feu ?*

Gardons-nous de suivre la pensée d'un auteur[1] (fût-il du type Aristote), regardons plutôt ce qu'il a derrière la tête, où il veut en venir, l'empreinte que son désir de domination et d'influence, quoique bien caché, essaie de nous imposer.

*D'ailleurs,* QU'EN SAIT-IL DE SA PENSÉE ? *Il en est bien mal informé.* (Comme l'œil ne sait pas de quoi est composé le vert d'une feuille qu'il voit pourtant admirablement.)

Les composantes de sa pensée, il ne les connaît pas ; à peine parfois les premières ; mais les deuxièmes ? les troisièmes ? les dixièmes ? Non, ni les lointaines, ni ce qui l'entoure, ni les déterminants, ni le « Ah ! » de son époque (que le plus misérable pion de collège dans trois cents ans apercevra).

Ses intentions, ses passions, sa *libido dominandi*, sa mythomanie, sa nervosité, son désir d'avoir raison, de triompher, de séduire, d'étonner, de croire et de faire croire à ce qui lui plaît, de tromper, de se cacher, ses appétits et ses dégoûts, ses complexes, et toute sa vie harmonisée sans qu'il le sache, aux organes, aux glandes, à la vie cachée de son corps, à ses déficiences physiques, tout lui est inconnu.

Sa pensée « logique » ? Mais elle circule dans un manchon d'idées paralogiques et analogiques,

---

1. La pensée importe moins aussi que la perspective où elle surgit.

sentier avançant droit en coupant des chemins circulaires, saisissant (on ne saisit qu'en coupant) des tronçons saignants de ce monde si richement vascularisé. (Tout jardin est dur pour les arbres.) Fausse simplicité des vérités premières (en métaphysique) qu'une extrême multiplicité suit, qu'il s'agissait de faire passer.

En un point aussi, volonté et pensée confluent, inséparables, et se faussent. Pensée-volonté.

En un point aussi, l'examen de la pensée fausse la pensée comme, en microphysique, l'observation de la lumière (du trajet du photon) la fausse.

Tout progrès, toute nouvelle observation, toute pensée, toute création, semble créer (avec une lumière) une zone d'ombre.

Toute science crée une nouvelle ignorance.

Tout conscient, un nouvel inconscient.

Tout apport nouveau crée un nouveau néant.

Lecteur, *tu tiens donc ici*, comme il arrive souvent, *un livre que n'a pas fait l'auteur*, quoiqu'un monde y ait participé. Et qu'importe ?

Signes, symboles, élans, chutes, départs, rapports, discordances, tout y est pour rebondir, pour chercher, pour plus loin, pour autre chose.

Entre eux, sans s'y fixer, l'auteur poussa sa vie.

Tu pourrais essayer, peut-être, toi aussi ?

HENRI MICHAUX

# ŒUVRES D'HENRI MICHAUX
## 1899-1984

*Ce volume,*
*le deux cent unième de la collection Poésie,*
*composé par SEP 2000*
*a été achevé d'imprimer sur les presses*
*de CPI Bussière à Saint-Amand (Cher),*
*le 28 mai 2010.*
*Dépôt légal : mai 2010.*
*1ᵉʳ dépôt légal dans la collection : septembre 1985.*
*Numéro d'imprimeur : 101672/1.*
ISBN 978-2-07-032317-3./Imprimé en France.

177901